實用 R

程式設計 第二版

　　我從小就很喜歡數學。在美國紐約唸研究所時大約有一半的課程是在數學研究所修習。雖常倘佯於數學之美，卻從未忘了自己是一位工程師。十多年前在一個偶然的機會下開始接觸機器學習與演化計算這個領域。這個領域與統計回歸有著十分密切的關係。由於以前完全沒有接觸過統計學，於是就大量購買書評不錯的原文書，與幾位同好及學生一本又一本由第一頁讀到最後一頁，備極辛勞。這才發現統計學是很深奧且應用廣泛的一門學問。在我們研讀的過程中總覺得需要一個好的軟體來配合才會對所研讀的內容有深刻的印象。最終我們選擇了 R。主要原因是 R 是一個自由軟體且功能強大。對我們幾位工程背景的人更重要的是它如同其他常用的語言一樣可以撰寫自己想要的程式。常使用 R 撰寫程式的人會發現我們很容易使用一些簡單的程式碼就能完成想要的工作，且 R 繪圖功能十分強大，因此我們愛不釋手。但 R 程式語言並不是隨便玩玩就可以得心應手的。要學好這個語言一定要親手寫一些程式才能有深刻體驗。這些年來本人完全以 R 語言撰寫程式從事機器學習與演化計算之教學與研究之工作，十分方便。我們很願意將此經驗與大家分享，這也正是我們撰寫此書之動機。本書之另外三位作者習慣使用 C 語言。可喜的是他們接受我的說服，加入 R 的行列，並願意和我一起撰寫此書。

　　本書的主要目的是介紹 R 程式語言。第一章是 R 程式語言簡介。第二章至第四章我們介紹 R 程式語言的基本概念，包括資料類別與基本運算、邏輯運算與流程控制、及函數與程式等。第五章介紹基本的 R 繪圖功能。接著在第六章我們將利用各種簡單的指標及圖形來探索給定資料可能的特性、特徵、或是規律性。第七章是探討如何產生一個機率分佈的隨機樣本；這個課題在統計計算是很重要的。在第八章我們將舉一些 R 程式範例，包括方程式求根、最佳化問題求解、離散時間動態系統模擬、連續時間動態系統模擬、及動畫範例等。R 程式語言與外部語言的連結及一些常用之進階技術於第九章來探討。自然本書無法將所有 R 語言之細節全部交待清楚，但本書所含蓋之內容已十分夠用。本書中使用的中英文翻譯名詞大部份是參照國家教育研究院 (http://terms.naer.edu.tw/) 名詞檢索之翻譯。在此版中我們更正了上一版之錯誤，並增加了一些有用的素材。

我們要感謝義守大學機器學習與演化計算研究群之長期研究伙伴，尤其是資工系林義隆教授、電機系柯春旭教授、孫永莒教授、曾遠威教授、電子系洪惠陽教授、機械與自動化工程系劉芳寶教授、生科系劉孝漢教授、遠東科技大學多媒體與遊戲發展管理系鄭淑玲教授、金門大學工業工程與管理系江育民教授、及嘉義大學應用數學系胡承方教授在學術的道路上與我們攜手並進，讓我們不會感到寂寞。

為回饋社會，本書之作者們會將本書之相關收入全部捐助給中小學當獎學金，期望這些未來的主人翁能對社會有所貢獻。

謝哲光

於高雄觀音山

contents
目錄

▌範例下載

本書範例程式請至 http://books.gotop.com.tw/download/AEM002400 下載，檔案為 ZIP 格式，請讀者自行解壓縮。其內容僅供合法持有本書的讀者使用，未經授權不得抄襲、轉載或任意散佈。

R 程式語言簡介

在本書之首章中我們將簡介 R 程式語言。首先是介紹 R 是什麼？再來介紹 R 的開發環境基本操作。在 R 環境中，套件是一個十分重要的概念，這將在 1.3 節中介紹。在 1.4 節中我們會介紹功能強大的線上輔助說明系統。

為了能重複先前之指令，一般我們會先把寫好的程式碼儲存在文字檔 (text file) 中，如此我們便可使用複製及貼上的方式將所需的指令貼到控制台上執行。本書已將所有的練習函數及程式範例做成文字檔，以方便讀者使用，讀者可逕至下列網站下載：

http://m-learning.isu.edu.tw/

其中資料夾名稱為

Practical-R-Programming

在此底下有四個子資料夾：

▶ Practical-R-Programming\R-Files：儲存所有的文件

▶ Practical-R-Programming\R-Codes：儲存所有的程式碼

▶ Practical-R-Programming\R-Data-Sets：儲存所有的資料集

▶ Practical-R-Programming\R-Objects：儲存所有程式碼執行之結果

請將此資料夾之所有內容下載到本機。

1.1 R 程式語言是什麼？

　　R 程式語言 (programming language) 是一套提供統計計算和圖形處理的運算環境 (environment)，可簡稱為 R 程式、R 語言或 R。除了這兩項主要功能外，它也可以當成一般的高階程式語言來使用，類似 C/C++ 和 Java 等。此程式語言基本上是採直譯器 (interpreter) 的方式運作，即每一行指令都必須經過編譯之後才執行；但系統也提供以副程式為單位的編譯 (compilation)，會將副程式內部所有指令預先編譯之後再進行呼叫，以提升執行效率。它同時也支援外部程式呼叫介面，可以呼叫 C/C++, Python, Java 和 Fortran 等已編譯之副程式。

　　就發展歷史來說，R 的前身為 S 語言。S 語言是由 John Chambers 所帶領的研究群在 1970 年代於貝爾實驗室 (Bell Laboratories) 所發展出來的。S 語言被設計與發展成為一個提供資料分析使用的程式語言。事實上就目前的實現與發展而言，S 語言是一個全方位 (full-featured) 的程式語言。R 程式語言是由紐西蘭奧克蘭大學 (University of Auckland) 統計系兩位學者 Robert Gentleman 及 Ross Ihaka 所共同開發撰寫用於統計研究的軟體與環境。以兩位作者名字的第一個字母 R 為這個軟體環境的名字是一件有趣且再合適不過的事。

　　R 是一種自由軟體 (free software)，具有 unix, linux, MacOS 與 Windows 各種平台的版本，都可以免費下載使用，其官方網站為：

> http://www.r-project.org/

自創立以來，R 系統即開放原始碼，並遵守自由軟體基金會 (Free Software Foundation) GNU (General Public License) 的規範。原作者們於 1995 年將 R 原始碼公開。由於原始碼的授權與釋放，使用者可以瞭解某些特殊演算方法的詳細步驟，並且可以進行修改與發佈新修改完成的功能，從此世界各地許多人員開始投入 R 的開發與發佈工作。如此一來，將可使統計計算普及到世界各地，且所有的使用者將可享受此自由開放的機制，無需花費額外的支出就可獲得各式各樣的工具進行資料之統計分析。

如前所述，R 為一套完整的數據處理、計算與繪圖的軟體發展環境。在資料處理方面，它提供了有效率的數據儲存與處理系統及陣列與矩陣的計算操作。在資料分析方面，它提供了各種成熟的統計分析工具及各種統計模型可資使用，同時也提供了各種功能完備的繪圖工具以資輔助。此外，它更提供了簡易而有效率的程式語言，包括數據的輸入與輸出、條件判斷與迴圈等程式設計基本功能，並可設計自訂的函數以產生統計與繪圖的應用程式。R 的核心包含了常用的函數與繪圖功能，其底層實作的方式允許以 C, Python, Java 和 Fortran 等語言編寫。如此架構加快了程式擴展的速度，且舊有的功能不需全部改寫，只要添加符合 R 規範的標準即可作為擴充套件 (package)，加入 R 中使用。

1.2 開發環境基本操作

當安裝完 R 之後，系統會在開始目錄中與桌面上建立 R 的圖示。使用者啟動 R 之後，其畫面如下圖所示：

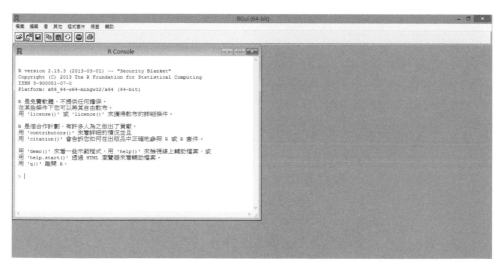

圖 1.2.1：R 控制台

請注意，圖1.2.1所顯示的版本相關資訊會因為使用者安裝不同版本而有所差別。啟動 R 之後，將出現控制台 (console) 畫面與提示符號 "> "。若我們想將提示符號改為 "R> " 可使用下列的指令：

```
> options(prompt = "R> ")
```

若要回到原來之提示符號可以使用下列的指令：

```
> options(prompt = "> ")
```

　　底下大致說明在控制台所出現的一些指令：

```
citation()    # 如何在發表的文章中引用 R 中之文獻
demo()        # 顯示有提供展示之範例
help()        # 使用線上輔助說明 (on-line help)
help.start()# 敘述整個 R 程式語言之相關內容
              (HTML browser interface to help)
q()           # 離開 R 環境
```

　　由於 R 為直譯器語言，使用者可以在提示符號右邊直接輸入運算式 (expression) 單步執行。執行後，系統會即時顯示結果。使用者也可以將執行結果使用 "<-" 或 "=" 指定 (assign) 給一個變數或物件，以方便往後使用；此時系統將不會顯示執行結果。每一運算式通常是一個數學運算或是一個函數，也可以是其混合式。函數即副程式，通常會傳回一個值。符號 "#" 為註解之開頭符號，該字元之後的敘述不執行。比方說我們令 x 的值為 5，則可使用如下之指令：

```
> x <- 5    # 令 x 的值為 5
> 5 -> x
> x = 5
```

但 5 = x 是不行的。當鍵入物件名稱時，螢幕上會列印出該物件之內容：

```
> x
[1] 5
```

若我們同時令 x, y, z 的值皆為 5，則可使用如下之指令：

```
> z <- y <- x <- 5    # 同時令 x, y, z 的值皆為 5
> 5 -> x -> y -> z
> x = y = z = 5
```

有時為了方便起見，我們會同時將好幾個指令放在同一列，此時可以使用分號 ";" 將這些指令分開。比方說：

```
> x <- 5; y = 5; 5 -> z
```

假如輸入指令在同一列之敘述並不完整，則系統會自動將提示符號 "> " 轉變成 "+"，並繼續在下一列中讀取接下來的敘述，一直到整個指令之敘述完整為止。例如我們要計算 $w = x * y * z$ 可以使用下列的敘述：

```
> w <- x *
+    y *
+    z

> w
[1] 125
```

　　一段程式碼可以使用大括號 "{}" 組合起來，執行時系統只會顯示最後一行運算式的執行結果，大括號內其他所有的運算結果將不顯示。需注意的是，輸入 "{" 之後，系統將會處於輸入未完成的階段，因此會產生 "+" 符號，直到輸入 "}" 之後，才算輸入完全。舉例如下：

```
> x <- 3
> x * x + 2 * x + 1
[1] 16
> x <- 4
> x * x + 2 * x + 1
[1] 25

> {
```

```
+ x <- 3
+ x * x + 2 * x + 1
+ x <- 4
+ x * x + 2 * x + 1
+ }
[1] 25
```

　　另外，在 R2.5.0 之後的版本中，系統加入函數名稱自動補齊功能，即輸入幾個開頭字母，再按 Tab 鍵，則系統會顯示所有相似指令供使用者選擇，若僅有一種選擇則會自動補齊函數名稱。舉例如下：

```
> mat
```

緊接著按 Tab 鍵，則輸出為

```
mat.or.vec      match       match.arg match.call match.fun
matchSignature matlines    matplot    matpoints  matrix
```

如果輸入

```
> matr
```

再按 Tab 鍵，則會自動補齊，直接變成

```
> matrix
```

　　在執行 R 程式一段時間後，自然會產生了一些物件，而這些物件是存放在工作區 (workspace) 內。想要知道目前的工作區中有那些物件可以使用 ls() 或 objects() 指令。比如說：

```
> ls()
[1] "w" "x" "y" "z"
```

或

```
> objects()
[1] "w" "x" "y" "z"
```

若要從工作區中移除 x 可使用下面的指令：

```
> rm("x")
> ls()
[1] "w" "y" "z"
```

或

```
> remove("x")
```

若要再移除 y 和 z 可使用下面的指令：

```
> rm(list = c("y", "z"))
> ls()
[1] "w"
```

若要清除工作區中所有物件可使用下面的指令：

```
> rm(list = ls())
> ls()
character(0)
```

　　最後要離開 R 環境可以使用下列指令：

```
> quit()
```

或

```
> q()
```

此時 R 會出現視窗詢問是否要儲存目前之工作區映像 (workspace image)。工作區映像內記錄了使用者在本工作區所做的所有計算和結果。若選擇 Yes，則目前之工作區映像將被儲存；下次開啟 R 時就會回復上次的工作區映像。若選擇 No，則不儲存；下次開啟 R 時會出現一個空白的工作區。若選擇 Cancel，則我們不會離開目前之工作區，而可以繼續使用 R。我們的建議是通常選擇 No。

　　R 可以在多種作業系統底下執行，包含 Windows, MAC OS, Linux 系統等。基本上，在 MAC OS 與 Windows 平台上，操作 R 的方式大致相同，但也有需要特別注意的事，如 MAC OS 不能使用 windows() 函數開啟新的繪圖視窗，而要使用 quartz()。

　　由於 R 的函數指令都是在控制台上，以互動的方式進行操作，使用上較不方便，所以坊間有幾套整合環境工具提供使用者較好的操作體驗，如 RStudio，使用者可以在一個整合的環境下操作。RStudio 可以到 http://www.rstudio.com/ 官網下載。

1.3 套件

　　在 R 的環境之中，針對某一項研究主題所需的函數、資料集 (data set) 以及相關資訊都包裝成為套件 (package)。所有套件必須經過三個步驟才能使用：

(1) 下載：將套件下載儲存到本機硬碟。

(2) 安裝：將套件解碼且將其轉譯成本機平台可使用的格式。

(3) 載入：在 R 環境中須將已安裝之套件載入才能使用。

　　通常我們可以使用「程式套件」選單之「設定 CRAN 鏡像」功能，選定所在地的 CRAN 鏡像 (CRAN mirror)，例如 Taiwan Taipei。接著進入「安裝程式套件」功能選項視窗，選定所需的套件即可。此時步驟 (1) 和 (2) 會同時進行完畢。使用者也可以在官網或是其他研究機構直接下載所需的套件，一般都是 zip 格式 (即步驟 (1))。接著可以點選「用本機的 zip 檔案來安裝程式套件」

的功能進行安裝 (即步驟 (2))。安裝後的套件會放在系統資料夾之 library 子資料夾裡面。

在 R 的環境中，安裝好的套件必須經過載入 (即步驟 (3)) 才能使用。這樣做有兩個主要原因：

(1) 提高執行效率 (若將所有的套件全部載入將會耗費大量的記憶體且增加搜尋的時間)。

(2) 幫助套件的開發者避免在命名時與其他的套件衝突。

安裝 R 的同時，一些標準套件也會同時被安裝。啟動 R 時系統會自動載入其中某些常用的套件：

- ▶ base：基本函式，如一般算式、IO 以及程式語言所需的功能 (basic functions, arithmetic, input/output, basic programming support)

- ▶ stats：基本統計運算和各種隨機數產生器 (statistical calculations and random number generation)

- ▶ methods：定義物件之方法 (method) 以及其他程式撰寫工具

- ▶ utils：基本程式編寫工具 (R utility functions)

- ▶ graphics：基本繪圖工具 (base graphics)

- ▶ grDevices：基本繪圖介面 (graphics devices)

- ▶ datasets：常用資料集 (datasets)

經常使用於 R 套件之指令如下：

```
library()                 # 顯示可以使用之套件，即已經安裝在電腦的套件
install.packages("rgl")   # 安裝rgl套件
install.packages("rgl", repos =
"http://cran.csie.ntu.edu.tw")
                          # 安裝rgl套件並選擇鏡像站
update.packages()         # 更新套件
attach()         # 指定預設資料集，之後使用其變數時不須加註資料集名稱
detach("base")   # 移除安裝的套件。這只是範例，不要輕易嘗試！
```

```
search()              # 顯示已載入的所有套件
searchpaths()         # 顯示已 載入的所有套件之搜尋路徑 (search path)
sessionInfo()         # 顯示已載入之基本套件以及其他套件，包含 R 版本和平
台資訊
library(lattice)              # 載入 lattice 套件
help(package = "lattice")     # 顯示 lattice 套件內容
```

　　不同版本的 R 平台有其相容的套件。有些新的套件可能無法向下相容。安裝時如果有版本的問題，在主控台視窗上會看到一些警告訊息，但不一定表示程式或資料集不能使用，但執行的結果可能會有錯誤，要特別注意。如果有非用不可的理由，也可以參考「R Installation and Administration」手冊中的「Add-on Packages」；同時也可以在

http://www.murdoch-sutherland.com/Rtools/

下載一些工具進行偵測。

　　R 的版本更新速度相當地快，目前已經更新到 3.5.0 版。依照 GNU 版本命名法則，版本各數字分別表示：

　　主版本號.子版本號[.修正版本號]

所以 3.5.0，表示主版本號為 3，子版本號為 5，修正版本號為 0。套件的相容性以主版本號為區分，也就是說 2.xx.xx 與 3.xx.xx 版本的套件並不相容，通常需要重新安裝。假設使用者舊的 R 版本是 3.0.0 版，則當初系統會安裝在 "R-3.0.0" 資料夾底下。若要更新成為 3.5.0 版，則系統會預設將新的版本安裝在 "R-3.5.0" 資料夾底下。除非對舊版本進行解除安裝，否則舊版本的所有資訊將會完整保留下來。

　　如前述，隨著 R 自動安裝的套件都儲存在安裝資料夾底下 "library" 子資料夾，即 "R-3.5.0\library"。而使用者自行安裝的套件，其儲存位置可能在這資料夾，也可能因為權限管理方式的問題，而被要求儲存在不同的資料夾。一般而言會有下列三種方式。

　　第一種方式是若使用者自行安裝的套件存放在跟系統相同的資料夾 "R-3.0.0\library"，則 library 的搜尋路徑只有一個，也就是系統的子資料夾；讀者試試下列函數的執行結果：

```
> .libPaths()
[1] "C:/Program Files/R/R-3.0.0/library"
```

在這種情況下，當使用者安裝新版的 R 之後，只要將自行安裝過的套件從 "R-3.0.0\library" 複製到 "R-3.5.0\library" 即可；此後所有的舊套件就可立即使用。若有套件版本不符的情形，則系統會自動要求更新。另外，要注意的是隨新版系統而來的那 些套件不可以被更動。

　　第二種方式是在安裝的時候，安裝程式會將套件存放在不同的位置；此時系統的路徑如下：

```
> .libPaths()
[1] "C:/Users/admin/Documents/R/win-library/3.0"
[2] "C:/Program Files/R/R-3.0.0/library"
```

其中第一項目之路徑即為自行安裝位置，由系統內定。當使用者執行新版 R 之後，輸入 .libPaths() 也會得到完全相同的結果。這種情況下，所有以前自行安裝的套件也都可以在新版的 R 直接使用。將來自行安裝新的套件時，系統會將新的資料儲存在這個資料夾裡面。這種作法的優點是自行安裝的套件和隨系統而來的套件不會混在一起，而且更新 R 的版本之後不需做任何設定即可繼續使用。

　　第三種方式是由使用者直接自行管理。比方說要安裝 gamair 套件時，使用者可以指定自訂的路徑，如 D:/Practical-R-Programming/R-Objects，其用法如下：

```
> install.packages("gamair", lib =
+   "D:/Practical-R-Programming/R-Objects")
```

而要使用該套件時也須指定路徑，即

```
> library("gamair", lib.loc =
+   "D:/Practical-R-Programming/R-Objects")
```

如此一來，使用者不但可以自行管理所有自行安裝的套件，而且所有的套件都可以在新版本的 R 之中直接使用。

1.4 輔助說明

R 具有強大的線上輔助說明系統 (help system)。欲了解已知資料集 iris{datasets} 可以鍵入：

```
> ?iris  # 或 > help(iris)
```

欲了解已知函數 rep() 之用法及內容可以鍵入：

```
> ?rep  # 或 > help(rep)
```

此時在螢幕中會出現另一個視窗，並有一說明文件顯示此函數的用法及內容，其中：

- ▶ Description：描述此函數之目的及功能
- ▶ Usage：如何呼叫此函數
- ▶ Arguments：此函數之輸入
- ▶ Value：此函數之輸出
- ▶ Details：此函數之更詳細說明
- ▶ Note：使用此函數之注意事項
- ▶ References：參考文獻
- ▶ Examples：範例

我們可以使用下面的指令來執行所附之範例，以了解此函數的用法及內容：

```
> example(rep)
```

假如我們不知道函數的名稱則可使用 help.search()。比方說我們想知道是否有廣義可加性模型 (generalized additive model) 相關之函數可資使用可以鍵入：

```
> help.search("generalized additive model")
```

或

```
> ??"generalized additive model"
```

此時在螢幕中會出現另一個視窗，並顯示相關之套件及函數。由視窗之內容，若我們想知道 "mgcv" 這個套件中之函數 gam() 可鍵入：

```
> help(gam, package = "mgcv")
```

若我們想觀看 gam() 之原始碼可以直接鍵入函數名稱：

```
> library(mgcv)

> gam
```

另外也可以使用下列任一指令：

```
> edit(gam)

> fix(gam)
```

此時螢幕中會出現另一個視窗，並顯示 gam() 之原始碼。

假如我們想了解 "SemiPar" 這個套件之內容可以鍵入：

```
> help(package = "SemiPar")
```

由視窗之內容顯示，若我們對 salinity{SemiPar} 這個資料集很感興趣，可以將它載入：

```
> data(salinity, package = "SemiPar")
```

我們可以使用 str() 或 summary() 再來看看 "salinity" 這個資料集之簡單摘要內容：

```
> str(salinity)
```

```
> summary(salinity)
```

我們發現這是一個資料框 (data frame)，其中含有四個變數，分別為 "salinity", "lagged.salinity", "trend", "discharge" 且共有 28 筆數據。

由於 R 是許多人所共同開發及維護，因此在公開發表之文獻中，作者有義務引述相關之參考文獻。例如若要引述 "SemiPar" 套件，只要輸入

```
> citation("SemiPar")
```

系統就會顯示如何引述的資訊。

底下列出一些入門的外文書：

[Albert and Rizzo, 2012], [Braun and Murdoch, 2007],
[Crawley, 2005], [Dalgaard, 2008], [Everitt and Hothorn, 2010],
[Maindonald and Braun, 2010], [Zuur, Ieno, and Meesters, 2009].

1.5 習題

【習題 1.5.1】

(1) 請找到 persp3d {rgl} 之說明文件。

(2) 請執行文件中之示範例題。

(3) 請找找看是否有廣義線性模型 (generalized linear model) 相關之函數可資使用。

【習題 1.5.2】

(1) 請問如何了解 robustbase 這個套件？

(2) 請問如何載入 aircraft {robustbase} 這個資料集？

(3) 請問如何列出此資料集的簡單摘要內容？

chapter 2

資料類別與基本運算

　　R 程式最重要的特色之一就是絕大部分的資料 (包括常數和變數) 都以內建向量的形式呈現稱為物件 (object)。這種內建的向量稱為原型向量 (atomic vector)。單一常數也是一種原型向量，其維度為 1。R 的絕大部分運算也是以 "向量" 為單位，即所謂的 "向量資料" 和 "向量運算"。函數執行運算完畢後，通常會傳回一個向量或特殊物件。這種運作方式有很多優點，包括撰寫和除錯容易、簡潔易懂、好維護以及執行效率高。

　　除了內建的原型向量之外，使用者也可以使用 array() 函數來定義一個一維陣列，這種一維陣列又稱為向量。特別要注意的是，"一維陣列" 指的是有 1 個索引結構的陣列，屬程式語言的專用名詞，並不是向量本身的維度，"二維陣列" 指的是有 2 個索引結構的陣列，即矩陣。為避免 "維度" 這名稱的混淆，建議不要使用 "2維陣列"，應使用 "2個索引結構的陣列" 或 "2 個索引的陣列"。1個索引的陣列也是向量，但比原型向量多了兩個屬性(attribute)，即 "dim" 和 "dimnames"，其中 "dimnames" 可以不使用。除此之外，"1個索引的陣列" 和 "原型向量" 完全相同，而且除了極特殊的函數之外，絕大部分的函數及運算子對這兩種物件運算後所得到的結果完全相同。因此，這兩種物件我們將不再予以區別，而通稱為向量。

　　表 2.0.1 列出 "原型向量" 和 "1 個索引結構的陣列" 的主要差別，其中 x 和 y 為原型向量，z 為 "1 個索引結構的陣列"。須特別注意的是，這兩種物件各分量內容必須屬同一種資料類別，如全部都是文字或全部都是數值。使用者也可以使用 list() 函數來定義出一個向量 (稱為列表, list)，而且這個向量的各分

量可以是不同的資料類別，這種向量稱為泛型向量 (generic vector)，其結構以及索引運算都比較複雜。在第 2.5 節中我們再來詳細介紹列表。

表 2.0.1：原型向量和 1 個索引結構陣列的差別

	x = 1:10	y = vector("double", 10)	z = array(1:10*1.0)
output	[1] 1 2… 10	[1] 0 0… 0	[1] 1 2… 10
str()	int [1:10] 1 2… 10	num [1:10] 0 0… 0	num [1:10(1d)] 1 2… 10
length()	[1] 10	[1] 10	[1] 10
dim()	NULL	NULL	[1] 10
typeof()	[1] "integer"	[1] "double"	[1] "double"
class()	[1] "integer"	[1] "numeric"	[1] "array"
attributes()	NULL	NULL	$dim [1] 10

底下我們列出一些物件名稱之命名規則:

(1) 物件名稱可由英文字母、數字、英文句點 (.) 和底線 (underscore) 組成。

(2) 英文字母大小寫有所區別 (Beauty 和 beauty 是代表完全不同的兩個物件)。

(3) 變數名稱須起始於英文字母。

(4) 保留字和內建常數不能當作變數名稱。

(5) 函數名稱和變數名稱無關，如 return() 雖然是函數名稱，但使用者也可以把它當作變數名稱來使用。

有時為了更容易記住物件的內涵，在取物件名稱時我們常會將好幾個英文字合起來組成一個物件名稱。下面這些物件名稱皆是合乎規則的:

> guy, handsome.guy, you.handsome.guy

若使用太簡略的縮寫來當變數名稱，有時常常會忘記此變數的內涵；比方說 ptt 是代表什麼內涵的變數呢？難道是怕太太嗎？

2.1 資料表示法

　　R 程式語言的資料類別 (data type) 有 6 種，即文字 (character)、複數 (complex)、實數 (或數值 numeric)、整數 (integer)、邏輯 (logical) 和原始資料 (raw)。所有的常數和變數都以向量的形式呈現，其中每一分量的資料內容必須屬於相同資料類別，而且分量的位置是有順序的。表 2.1.1 列出顯示原型向量 6 種資料類別之函數。

表 2.1.1：顯示原型向量資料類別之函數

typeof() storage.mode()	character	complex	double	integer	logical	raw
mode()	character	complex	numeric	numeric	logical	raw
class()	character	complex	numeric	integer	logical	raw

　　茲舉數例說明如下：

```
> x <- 3# 1 個分量的原型向量
> x
[1] 3
```

其中的 "[1]" 代表輸出資料第 1 個分量的值。

```
> x[1]
[1] 3

> x[2]
[1] NA
```

其中 x[1] 是取出向量 x 第 1 分量的值，即 3。要特別注意的是，x[1] 執行結果也是一個向量，該向量的第 1 分量為 3。因為向量 x 只有 1 個維度，若取第二維度資料則會出現 NA，即 "Not Available"。請注意，x[2] 的執行結果也是一個向量。

```
> y <- 1:30      # 30 個分量的原型向量
> y
 [1]  1  2  3  4  5  6  7  8  9 10 11 12 13 14 15 16 17
[18] 18 19 20 21 22 23 24 25 26 27 28 29 30
```

其中的 "[1]" 代表從第 1 個分量開始依序顯示輸出資料，"[18]" 代表從第 18 個分量開始依序顯示輸出資料。

```
> y[1]
[1] 1

> y[18]
[1] 18
```

y[18] 的輸出是 y 向量的第 18 個分量之內容，y[18] 的輸出還是向量。

連接函數 (concatenation) c() 可以用來連結若干個向量：

```
> c(3, 7, 5)
[1] 3 7 5

> x <- c(3, 7, 5)
> x
[1] 3 7 5

> y <- c("beautiful", "handsome")
> y
[1] "beautiful" "handsome"

> z <- c(x, y)
> z
[1] "3" "7" "5" "beautiful" "handsome"
```

請注意，在 z 中我們把數字與文字串接起來，結果 3, 7, 5 這幾個數字被轉變為文字 "3", "7", "5"。來看看 z 的類別 (class)：

```
> class(z)
[1] "character"

> class(z[1])
[1] "character"
```

接著我們介紹如何使用 seq() 函數來產生一個有規則的向量或是序列 (sequence)。首先，我們可以很簡單地使用下列指令產生一個 -5 到 5 的序列：

```
> -5:5
```

或

```
> seq(from = -5, to = 5, by = 1)
```

或

```
> seq(from = -5, to = 5, length = 11)

[1] -5 -4 -3 -2 -1 0 1 2 3 4 5
```

若要產生 $\{-5, -3, -1, 1, 3, 5\}$ 的序列可以使用如下之指令：

```
> seq(from = -5, to = 5, by = 2)
```

或

```
> seq(from = -5, to = 5, length = 6)

[1] -5 -3 -1 1 3 5
```

而產生一個實數序列的方法也是一樣的：

```
> seq(from = 0, to = 1, by = 0.1)
```

或

```
> seq(from = 0, to = 1, length = 11)

[1] 0.0 0.1 0.2 0.3 0.4 0.5 0.6 0.7 0.8 0.9 1.0
```

但請注意下面這些指令執行的結果：

```
> seq(from = -5, to = 5, length = 10)
[1]-5.0000000 -3.8888889 -2.7777778 -1.6666667 -0.5555556
[6] 0.5555556  1.6666667  2.7777778  3.8888889  5.0000000

> seq(from = 0, to = 1, by = 0.3)
[1] 0.0 0.3 0.6 0.9
```

再來我們介紹 rep() 函數如何產生有規則的序列。只需看看下面的這些執行結果即可明瞭這個函數的使用方法：

```
> rep("beauty", 5)
[1] "beauty" "beauty" "beauty" "beauty" "beauty"

> rep("beauty", times = 5)
[1] "beauty" "beauty" "beauty" "beauty" "beauty"

> rep(3, times = 5)
[1] 3 3 3 3 3

> rep(c(2, 3), times = 4)
[1] 2 3 2 3 2 3 2 3

> rep(c(2, 3), length = 4)
[1] 2 3 2 3

> rep(c(2, 3), each = 4)
[1] 2 2 2 2 3 3 3 3
> rep(c(4, 7, 1, 8), c(3, 2, 5, 2))
[1] 4 4 4 7 7 1 1 1 1 1 8 8
```

```
> rep(1:5, 1:5)
[1] 1 2 2 3 3 3 4 4 4 4 5 5 5 5 5
```

請注意若第二個引數 (argument) 與第一個引數之長度不同時，可能會產生與預期不同之執行結果：

```
> rep(1:5, rep(3, 5))
[1] 1 1 1 2 2 2 3 3 3 4 4 4 5 5 5

> rep(1:5, c(2, 3))
Error in rep(1:5, c(2, 3)) : invalid 'times' argument
```

在 R 中每一個物件都會有其資料類別。一個整數類別物件的每一分量皆是整數，而一個文字類別物件的每一分量皆是文字。我們可以分別使用下列之指令來判斷一個物件是否為實數類別、整數類別或是文字類別的物件：

```
is.numeric()
is.integer()
is.character()
```

例如：

```
> x <- c(2, 4, 6)
> x
[1] 2 4 6

> is.numeric(x)
[1] TRUE

> is.integer(x)
[1] FALSE

> is.character(x)
[1] FALSE
```

這說明了 x 的類別為 "numeric"，即這是一個實數類別的物件。要了解此物件之類別可以鍵入如下之指令：

```
> class(x)
[1] "numeric"
```

再舉一些例子：

```
> class(c("beautiful", "handsome"))
[1] "character"

> class(c(2, "beauty"))
[1] "character"
```

以上說明了 c("beautiful", "handsome") 和 c(2, "beauty") 皆是文字類別的物件。

要強制一個物件為實數類別、整數類別或是文字類別的物件，我們可以分別使用如下之指令：

```
as.numeric()
as.integer()
as.character()
```

比方說底下的三個指令皆可產生相同的實數類別物件：

```
> u1 <- c(2.2, 4.4, 6.6)
> u2 <- as.numeric(c(2.2, 4.4, 6.6))
> u3 <- as.vector(c(2.2, 4.4, 6.6), mode = "numeric")
```

同樣地，底下的三個指令皆可產生相同的實數類別物件：

```
> v1 <- c(2, 4, 6)
> v2 <- as.numeric(c(2, 4, 6))
> v3 <- as.vector(c(2, 4, 6), mode = "numeric")
```

底下的兩個指令皆可產生相同的整數類別物件：

```
> x1 <- as.integer(c(2, 4, 6))
> x2 <- as.vector(c(2, 4, 6), mode = "integer")
```

底下的三個指令皆可產生相同的文字類別物件：

```
> y1 <- c("beautiful", "handsome")
> y2 <- as.character(c("beautiful", "handsome"))
> y3 <- as.vector(c("beautiful", "handsome"),
+           mode = "character")
```

不同類別的物件有些可以相互轉換，有些則不行。例如：

```
> as.integer(c(-1.2, 0, 3.4))
[1] -1  0  3

> as.character(c(2, 4, 6))
[1] "2" "4" "6"
```

請注意向量中之實數轉換為整數時皆採無條件捨去法處理 (朝向 0 的方向)。再舉一例：

```
> as.integer(c("beautiful", "cool", "handsome"))
[1] NA NA NA
Warning message:
NAs introduced by coercion
```

這說明了文字物件無法轉換為整數物件。

使用下列兩種不同指令皆可產生一個長度為 3 的實數類別零向量：

```
> numeric(3)
> vector(mode = "numeric", length = 3)

[1] 0 0 0
```

使用下列兩種不同指令皆可產生一個長度為 3 的整數類別零向量：

```
> integer(3)
> vector(mode = "integer", length = 3)

[1] 0 0 0
```

使用下列兩種不同指令皆可產生一個長度為 3 的文字類別向量，其中每一分量之文字長度為 0：

```
> character(3)
> vector(mode = "character", length = 3)

[1] "" "" ""
```

使用下列指令可以產生一個長度為 0 的向量 (即"0 維向量")；"0 維向量" 的用途之後將會詳述：

```
> numeric()
numeric(0)

> numeric(0)
numeric(0)

> length(numeric())
[1] 0
```

因此下面指令所產生的 x, y, z, 及 w 四個物件的內容是相同的：

```
> x <- c(1.2, 3.4, 5.6)

> y <- as.numeric(c(1.2, 3.4, 5.6))

> z <- numeric()
> z[1:3] <- c(1.2, 3.4, 5.6)
> z
```

```
[1] 1.2 3.4 5.6

> w <- 1.2
> w[2] <- 3.4
> w[3] <- 5.6
> w
[1] 1.2 3.4 5.6
```

接下來我們來介紹如何產生複數 (complex number) 及複數向量。假設我們要建構一個複數 $2+3i$；試試下面幾個指令：

```
> a = complex(real = 2, imaginary = 3)
> a
[1] 2+3i

> b = 2 + 3i
> b
[1] 2+3i

> c = 2 + 3 i
Error: unexpected symbol in "c = 2 + 3 i"

> d = 2 + i3
Error: object 'i3' not found
```

由上可知，第一種和第二種方式才是正確的方式。再來看看一些簡單的指令及執行結果：

```
> e = 4.5

> is.complex(a)
TRUE

> is.complex(e)
FALSE
```

```
> as.complex(e)
[1] 4.5+0i
```

使用下列兩種不同指令皆可產生一個長度為 3 的複數類別零向量：

```
> complex(3)
> vector(mode = "complex", length = 3)

[1] 0+0i 0+0i 0+0i
```

使用下列指令可以產生一個長度為 0 的複數向量 (即 "0 維向量")：

```
> complex()
complex(0)

> complex(0)
complex(0)

> length(complex())
[1] 0
```

　　請注意：

```
> aa <- NA
> aa
[1] NA
> class(aa)
[1] "logical"
> length(aa)
[1] 1
```

這是一個長度為 1 的邏輯向量，其第一分量之內容為 "NA" (Not Available) (代表沒有任何內容，不管是數字或是文字)。要產生一個空的物件可以使用下列指令：

```
> bb <- NULL
> bb
NULL
> class(bb)
[1] "NULL"
> length(bb)
[1] 0
```

R 程式語言有幾個保留字 (reserved words) 與內建常數，這些名稱不可拿來當變數名稱。保留字又分為流程控制 (flow control) 及特殊符號 (special symbols) 兩種，詳細內容如表2.1.2所示。

表 2.1.2：R 程式語言的保留字與內建常數

流程控制的保留字	特殊符號保留字	內建常數
function	TRUE 邏輯常數 FALSE	pi
if		LETTERS
else	NULL 空物件	letters
		month.abb
repeat	Inf 無窮大	month.name
while	NaN 非數字	
for		
in	NA 不存在或遺漏	
next	NA_integer_	
break	NA_real_	
	NA_complex_	
	NA_character_	

在上表中，符號 NA 是代表沒有任何內容，Inf 是代表正無限大，-Inf 是代表負無限大。例如：

```
> 0 / 0
[1] NaN
```

```
> 1 / 0
[1] Inf

> -1 / 0
[1] -Inf
```

NaN 是指明這個數值不是一個數字 (Not a Number)。另再舉例如下：

```
> x <- c(1, NA, 3)
> x
[1] 1 NA 3

> x[2]
[1] NA

> x[2] + x[2]
[1] NA

> x[1] + x[2]
[1] NA

> a <- Inf; b <- Inf

> a + b
[1] Inf

> a - b
[1] NaN

> a * b
[1] Inf

> a / b
[1] NaN
```

內建常數 pi 代表圓周率 π。Letters 與 LETTERS 分別用來表示小寫及大寫英文字母。month.abb 與 month.name 則分別用來表示縮寫及全名的月份英文名稱。

2.2 基本運算與函數

如前面所述，在 R 中大部分的基本運算和常用函數之輸入內容為向量，其輸出也是向量。基本數學運算子如表 2.2.1 所示。

表 2.2.1：基本數學運算子

運算子	說明
^	次方
+- (unary)	單運算元，取正和取負
%/%	整數除法取商
%%	整數除法取餘數
* /	乘除運算
+ -	加減運算
class()	[1] "integer"
attributes()	NULL

例如：

```
> 3.6 + 1.25
[1] 4.85
```

再次提醒，若為節省空間或是將相關的一些指令打在同一列上，則只需使用符號 ";" 把各個指令分開即可，如下一例所示：

```
> x <- 3.6; y <- 1.25

> x + y
[1] 4.85

> x - y
[1] 2.35

> x * y
```

```
[1]  4.5

> x / y
[1]  2.88

> x <- 1:10; y <- 1:10 * 2
> x
 [1]  1  2  3  4  5  6  7  8  9 10
> y
 [1]  2  4  6  8 10 12 14 16 18 20
> x + y
 [1]  3  6  9 12 15 18 21 24 27 30
> y - x
 [1]  1  2  3  4  5  6  7  8  9 10
> (y - x) / 2
 [1] 0.5 1.0 1.5 2.0 2.5 3.0 3.5 4.0 4.5 5.0

> a <- 5; b <- 2

> a %/% b
[1]  2

> a %% b
[1]  1

> x <- 2; y <- 0:4
> x
[1]  2
> y
[1] 0 1 2 3 4
> x^y
[1]  1  2  4  8 16
> y^x
[1]  0  1  4  9 16
```

特別要注意的是，進行二元運算子運算時，如果輸入的向量長度不同，則較短的向量會自動循環其內容以增加長度，一直到兩個向量等長度為止。

若要使用先前鍵入或出現的指令，我們可以使用鍵盤上面的↑或↓兩個方向鍵，也可以直接在螢幕上剪貼所需之指令。

常用的內定數學函數有：

▶ abs(x)   # absolute value (絕對值)

▶ sqrt(x)   # square root (開根號)

▶ log(x)   # natural logarithm of x (base-e) (自然對數)

▶ log10(x)   # base-10 logarithm (基底 10 的對數)

▶ log2(x)   # base-2 logarithm (基底 2 的對數)

▶ exp(x)   # exponential function (指數函數)

▶ sin(x)   # sine (x in radian) (正弦函數)

▶ cos(x)   # cosine (x in radian) (餘弦函數)

▶ tan(x)   # tangent (x in radian) (正切函數)

▶ asin(x)   # arcsin (inverse sine) (反正弦函數)

▶ acos(x)   # arccos (inverse cosine) (反餘弦函數)

▶ atan(x)   # arctan (inverse tangent) (反正切函數)

▶ factorial(x) # factorial (階乘函數)

▶ ceiling(x)   # smallest integers not less than the corresponding elements of x
                (大於或等於 x 的最小整數)

▶ floor(x)   # largest integers not greater than the corresponding elements of x
                (小於或等於 x 的最大整數)

▶ trunc(x, ...) # integers formed by truncating the values in x toward 0
                (整數位無條件捨去)

▶ round(x, digits = 0)　　# round the values in x to the specified number of decimal places
(依指定小數點位數四捨五入)

▶ signif(x, digits = 6)　　# round the values in x to the specified number of significant digits.
(由左到右依指定位數四捨五入)

▶ sum(x)　　# sum of elements in vector (分量總和)

▶ sum(x1, x2, ...)　　# sum over several vectors (one number)
(所有向量之分量總和)

▶ cumsum(x)　　# cumulative sums of elements in vector　(a vector)
(分量之累積和)

▶ prod(x)　　# product of elements in vector (分量積)

▶ prod(x1, x2, ...)　　# product over several vectors (one number)
(所有向量之分量積)

▶ cumprod(x)　　# cumulative products of elements in vector (a vector)
(分量之累乘積)

▶ min(x)　　# smallest value in vector (分量最小值)

▶ which.min(x)　　# index of the (first) minimum in vector
(最小分量值位置的第一個指標)

▶ min(x1, x2, ...)　　# minimum over several vectors (one number)
(所有向量之分量最小值)

▶ pmin(x1, x2, ...)　　# (parallel) minima of the input values
(所有向量中相對應分量之最小值)

▶ cummin(x)　　#cumulative minima of elements in vector (a vector)
(分量之累積最小值)

▶ max(x)   # largest value in vector (分量最大值)

▶ which.max(x)   # index of the (first) maximum in vector
(最大分量值位置的第一個指標)

▶ max(x1, x2, ...)   # maximum over several vectors (one number)
(所有向量之分量最大值)

▶ pmax(x1, x2, ...)   # (parallel) maxima of the input values
(所有向量中相對應分量之最大值)

▶ cummax(x)   #cumulative maxima of elements in vector (a vector)
(分量之累積最大值)

▶ range(x)   # like c(min(x), max(x)) (分量範圍)

▶ range(x1, x2, ...)   # like range(c(x1, x2, ...)) (所有向量之分量範圍)

▶ length(x)   # number of elements in vector
(向量之分量個數，即向量長度)

▶ mean(x)   # mean or average (平均值)

▶ sd(x)   # standard deviation (標準差)

▶ var(x)   # variance (變異數)

▶ median(x)   # median (中數)

舉例說明：

```
> log(10)
[1] 2.302585

> log10(100)
[1] 2

> log2(8)
[1] 3
```

```
> exp(1.2)
[1] 3.320117

> x <- 0:7 * pi / 16
> x
[1] 0.0000000 0.1963495 0.3926991 0.5890486
[5] 0.7853982 0.9817477 1.1780972 1.3744468

> sx <- sin(x)
> sx
[1] 0.0000000 0.1950903 0.3826834 0.5555702
[5] 0.7071068 0.8314696 0.9238795 0.9807853

> x1 <- asin(sx)
> x1 - x
[1]  0.0000e+00  0.0000e+00  0.0000e+00  0.0000e+00
[5] -1.1102e-16  0.0000e+00  0.0000e+00  0.0000e+00

> cx <- cos(x)
> cx
[1] 1.0000000 0.9807853 0.9238795 0.8314696
[5] 0.7071068 0.5555702 0.3826834 0.1950903

> x2 <- acos(cx)
> x2 - x
[1] 0.000000e+00 1.110223e-16 5.551115e-17 0.000000e+00
[5] 0.000000e+00 0.000000e+00 0.000000e+00 0.000000e+00

> tx <- tan(x)
> tx
[1] 0.0000000 0.1989124 0.4142136 0.6681786
[5] 1.0000000 1.4966058 2.4142136 5.0273395

> x3 <- atan(tx)
> x3 - x
[1] 0 0 0 0 0 0 0 0

> factorial(4)
```

```
[1] 24

> ceiling(2.55)
[1] 3

> floor(2.55)
[1] 2

> trunc(2.55)
[1] 2

> round(3.555, digits = 2)
[1] 3.56

> signif(3.555, digits = 2)
[1] 3.6

> x <- c(1.2, 3.5, -4.7, 0)

> min(x)
[1] -4.7

> max(x)
[1] 3.5

> range(x)
[1] -4.7  3.5

> length(x)
[1] 4
```

若要計算向量 x 中所有分量的和 (sum) 可使用下列指令：

```
> sum(x)
[1] -2.220446e-16
```

若要計算向量 x 中所有分量的平均值 (mean)、標準差 (standard deviation)、變異數 (variance) 及中位數 (median) 可使用下列指令：

```
> mean(x)
[1] -5.551115e-17

> sd(x)
[1] 3.453501

> var(x)
[1] 11.92667

> median(x)
[1] 0.6
```

另外，下面這些指令也是很容易瞭解的：

```
> x1 <- 1:6
> x2 <- rep(4, 6)
> x3 <- 6:1

> x1
[1] 1 2 3 4 5 6
> x2
[1] 4 4 4 4 4 4
> x3
[1] 6 5 4 3 2 1

> min(x1, x2, x3)
[1] 1
> max(x1, x2, x3)
[1] 6
> pmin(x1, x2, x3)
[1] 1 2 3 3 2 1
> pmax(x1, x2, x3)
[1] 6 5 4 4 5 6
```

在 R 程式語言中大多數的內建函數皆可向量化 (vectorization)，也就是說給定的函數會應用在向量中的每個分量上；這對撰寫 R 程式提供很大的方便。例如：

```
> x <- c(1.22, 3.555, -4.75, 0)

> ceiling(x)
[1] 2 4 -4 0

> floor(x)
[1] 1 3 -5 0

> trunc(x)
[1] 1 3 -4 0

> round(x, digits = 1)
[1] 1.2 3.6 -4.8 0.0

> signif(x, digits = 2)
[1] 1.2 3.6 -4.8 0.0
```

我們常需要由一個向量中截取部份的分量。請特別注意一個向量中分量的指標 (index) 是由 1 開始，指標 0 或負是不容許的。例如：

```
> x <- c(1.22, 3.55, -4.75, 0)

> x[2]
[1] 3.55

> x[c(1, 3)]
[1] 1.22 -4.75
```

若我們想將 x 的第二個分量刪除，則可使用下列指令：

```
> x[-2]
[1] 1.22 -4.75 0.00
```

若我們想將 x 的第二個及第四個分量刪除，則可使用下列指令：

```
> x[-c(2, 4)]
[1] 1.22 -4.75
```

若要刪除最後一個元素，則可使用下列指令：

```
> x[-length(x)]
[1] 1.22 3.55 -4.75
```

若指標中不小心出現 0，會被忽略：

```
> x[c(1, 0, 2)]
[1] 1.22 3.55
```

```
> x[c(-1, 0, -2)]
[1] -4.75  0.00
```

若指標不小心同時出現正負整數，則會出現錯誤訊息：

```
> x[c(1, 0, -2)]
Error in x[c(1, 0, -2)] : only 0's may be mixed with
negative subscripts
```

若指標不小心出現了實數，此時向量中之實數將先轉換為整數，且皆採無條件捨去處理 (朝向 0 的方向)：

```
> x[c(1.2, 3.4)]
[1]  1.22 -4.75
```

```
> x[c(-1.2, -3.4)]
[1] 3.55 0.00
```

接著我們來探討一些向量的算術運算。在撰寫 R 程式時很容易在這些地方犯錯。先來看一個簡單的例題：

```
> x <- c(1, 0, -1, 2)
> y <- c(-2, 1, 0, -2)

> x * y
[1] -2  0  0 -4
```

我們發現此時每個 x 的分量會與相對應位置 y 的分量相乘。再看看下面這三個指令，它們的運算結果都是相同的：

```
> 2 * x
[1] 2 0 -2 4

> x * 2
[1] 2 0 -2 4

> c(2, 2, 2, 2) * x
[1] 2 0 -2 4
```

由於數字 2 與向量 x 的長度不同，長度較短的向量，其分量會依序循環使用，直到夠用為止。例如，下面的這兩個指令是相同的：

```
> x * (1:2)
[1] 1 0 -1 4

> x * c(1, 2, 1, 2)
[1] 1 0 -1 4
```

另外，我們可以使用下列指令求出兩個向量的內積：

```
> sum(x * y)
[1] -6
```

2.3 文字處理

現在我們要來介紹文字向量 (character vector) 以及文字串的一些運算。首先定義一個文字向量：

```
> look <- c("beautiful", "handsome", "cool")
```

假設我們想把每個單字的前 4 個字母提出來當成縮寫，則我們可以使用下面的兩個指令：

```
> substr(look, start = 1, stop = 4)
> substring(look, first = 1, last = 4)

[1] "beau" "hand" "cool"
```

假如我們想要多加入一個英文字 "pretty"，則可以使用下列指令：

```
> look.more <- c(look, "pretty")
> look.more
[1] "beautiful" "handsome" "cool" "pretty"
```

若想在每個單字的前面或後面加上同樣的英文字，則可以使用下列指令：

```
> paste(look, "people")
[1] "beautiful people" "handsome people" "cool people"

> paste("They look like", look, "people", collapse = ". ")
[1] "They look like beautiful people. They look like
    handsome people. They look like cool people"
```

我們可以使用 letters[] 和 LETTERS[] 來產生英文字母：

```
> letters[1:10]
[1] "a" "b" "c" "d" "e" "f" "g" "h" "i" "j"
```

```
> LETTERS[1:10]
[1] "A" "B" "C" "D" "E" "F" "G" "H" "I" "J"
```

我們可以使用 month.name[ ] 和 month.abb[] 來產生月份名稱之文字向量：

```
> month.name[1:12]
[1] "January"  "February"  "March"  "April"  "May"  "June"
[6]  "July"  "August"  "September"  "October"  "November"
"December"

> month.abb[1:12]
[1] "Jan" "Feb" "Mar" "Apr" "May" "Jun" "Jul" "Aug" "Sep"
"Oct" "Nov" "Dec"
```

在繪圖時一般我們都會做說明、註記或寫標題，此時上面這些指令即可派上用場。字串中的特殊字元可以使用反斜線字元 "\" 來指定，例如：

- ▶ \'   # single quote (單引號)

- ▶ \"   # double quote (雙引號)

- ▶ \n   # new line (換行)

- ▶ \r   # carriage return (跳行)

- ▶ \t   # tab character (tab 字元)

- ▶ \b   # backspace (後退鍵)

- ▶ \a   # bell (聲響字元)

- ▶ \f   # form feed (自動跳頁)

- ▶ \v   # vertical tab (垂直 tab)

- ▶ \\   # backslash itself (反斜線)

- ▶ \nnn   # character with given octal code;
           Sequences of one, two or three digits in the range 0 ... 7 are accepted.
           (八進位碼－介於 0~7 的數字組合數列)

▶ \xnn　　# character with given hex code;

　　　　　Sequences of one or two hex digits (with entries 0 ... 9 A ... F a ... f)

　　　　　(十六進位碼－介於 0~9，A ... F 或 a ... f 的數字組合數列)

2.4 陣列與矩陣

使用 array() 函數可以宣告陣列 (array)，最高允許 8 個索引結構，其中所有的分量都必須是相同的資料類別。

首先介紹如何產生一個矩陣。給定一個如下 2×3 的矩陣

$$A = \begin{bmatrix} 1.2 & -3.4 & 5.6 \\ -6.5 & 4.3 & -2.1 \end{bmatrix}.$$

該如何建構呢？我們可以使用下面的指令依行 (by column) 放置數字：

```
> A <- matrix(c(1.2, -6.5, -3.4, 4.3, 5.6, -2.1),
+               nrow = 2, ncol = 3)  # by column
> A
     [,1] [,2] [,3]
[1,]  1.2 -3.4  5.6
[2,] -6.5  4.3 -2.1
```

或依列 (by row) 放置數字：

```
> matrix(c(1.2, -3.4, 5.6, -6.5, 4.3, -2.1), nrow = 2,
+   ncol = 3, byrow = TRUE)  # by row

     [,1] [,2] [,3]
[1,]  1.2 -3.4  5.6
[2,] -6.5  4.3 -2.1
```

要知道矩陣 A 的類別可以使用下面的指令：

```
> class(A)
[1] "matrix"
```

想要知道一個矩陣的維度 (dimension) 可以使用 dim() 這個指令：

```
> dim(A)
[1] 2 3
```

上一行中第一個整數 2 為列維度 (row dimension)，第二個整數 3 為行維度 (column dimension)。也可以使用屬性函數：

```
> attributes(A)
$dim
[1] 2 3
```

若只想知道列維度可以使用下面這兩個指令：

```
> nrow(A)
[1] 2

> dim(A)[1]
[1] 2
```

若只想知道行維度可以使用下面這兩個指令：

```
> ncol(A)
[1] 3

> dim(A)[2]
[1] 3
```

有趣的是一個的矩陣可以轉換為向量，其指標次序是依行來排序：

```
> u <- as.numeric(A)
> u
[1]  1.2 -6.5 -3.4  4.3  5.6 -2.1
```

或

```
> v <- c(A)
> v
[1]  1.2 -6.5 -3.4  4.3  5.6 -2.1
```

由於 v 是一維的原型向量，因此下面的指令會產生錯誤的結果：

```
> dim(v)
NULL
```

正確的用法是：

```
> length(v)
[1] 6
```

矩陣 A 的分量個數可用下列指令求出：

```
> nrow(A) * ncol(A); prod(dim(A))
[1] 6
```

或

```
> length(A)
[1] 6
```

下列指令可以產生一個 2×3 的零矩陣 (zero matrix)：

```
> matrix(0, nrow = 2, ncol = 3)

     [,1] [,2] [,3]
[1,]    0    0    0
[2,]    0    0    0
```

下列兩個指令皆可產生一個 3×3 零矩陣：

```
> matrix(0, nrow = 3, ncol = 3)
> diag(0, nrow = 3)

     [,1] [,2] [,3]
[1,]    0    0    0
[2,]    0    0    0
[3,]    0    0    0
```

下列指令可以產生一個 3×3 單位矩陣 (unit matrix, identity matrix)：

```
> diag(3)

     [,1] [,2] [,3]
[1,]    1    0    0
[2,]    0    1    0
[3,]    0    0    1
```

下列指令可以產生一個對角分量皆為 2.5 的 3×3 對角矩陣 (diagonal matrix)：

```
> diag(2.5, nrow = 3)

     [,1] [,2] [,3]
[1,]  2.5  0.0  0.0
[2,]  0.0  2.5  0.0
[3,]  0.0  0.0  2.5
```

下列兩個指令皆可產生一個對角分量分別為 1, 2, 3 的 3×3 對角矩陣：

```
> diag(c(1, 2, 3), nrow = 3)
> diag(c(1, 2, 3))

     [,1] [,2] [,3]
[1,]    1    0    0
[2,]    0    2    0
[3,]    0    0    3
```

　　兩個矩陣的加、減和乘法運算是很容易瞭解的，例如：

```
> A <- matrix(1:9, nrow = 3, ncol = 3)
> A
     [,1] [,2] [,3]
[1,]    1    4    7
[2,]    2    5    8
[3,]    3    6    9

> B <- matrix(1:9, nrow = 3, ncol = 3, byrow = TRUE)
> B
     [,1] [,2] [,3]
[1,]    1    2    3
[2,]    4    5    6
[3,]    7    8    9

> A + B

     [,1] [,2] [,3]
[1,]    2    6   10
[2,]    6   10   14
[3,]   10   14   18

> A - B

     [,1] [,2] [,3]
[1,]    0    2    4
[2,]   -2    0    2
```

```
[3,]    -4    -2     0

> A %*% B

     [,1] [,2] [,3]
[1,]   66   78   90
[2,]   78   93  108
[3,]   90  108  126
```

請注意 A %*% B 與 A * B 是不同的，如下所示：

```
> A * B

     [,1] [,2] [,3]
[1,]    1    8   21
[2,]    8   25   48
[3,]   21   48   81
```

我們可以使用下列指令找出矩陣 A 的第二列第三個分量：

```
> A[2, 3]
[1] 8
```

有趣的是我們也可以直接使用指標 (指標之次序是依行來排序) 的方式來取出一個矩陣的某個分量。例如下面這三個指令都會得到相同的結果：

```
> A[1, 2]
> A[4]
> c(A)[4]

[1] 4
```

使用下列指令可以取出矩陣 A 的第一列資料：

```
> R1 <- A[1,]
> R1
```

```
[1] 1 4 7

> class(R1)
[1] "integer"
```

請特別注意 R1 並不是一個 1×3 的矩陣，而是一個向量。因此下面這個指令會產生錯誤的結果：

```
> R1[1, 2]
Error in R[1, 2] : incorrect number of dimensions
```

但下列指令卻是可行的：

```
> R1 %*% B

     [,1] [,2] [,3]
[1,]   66   78   90
```

我們可以使用下列指令從矩陣 A 取出第一列資料成為 1×3 的矩陣：

```
> RR1 <- A[1, , drop = FALSE]
> RR1

     [,1] [,2] [,3]
[1,]    1    4    7

> RR1[1, 2]
[1] 4

> RR1 %*% B

     [,1] [,2] [,3]
[1,]   66   78   90
```

我們也可以使用下列指令將向量 R1 轉換為矩陣：

```
> as.matrix(R1)

     [,1]
[1,]    1
[2,]    4
[3,]    7
```

要注意的是，這是一個 3×1 的矩陣，而不是一個 1×3 的矩陣。

　　使用下列指令可以從一個矩陣中取得分量來形成另一個矩陣或向量：

```
> E <- A[c(1, 3),]
> E
     [,1] [,2] [,3]
[1,]    1    4    7
[2,]    3    6    9

> class(E)
[1] "matrix"

> F <- A[c(1, 3), 2]
> F
[1] 4 6

> class(F)
[1] "integer"
```

　　我們可以使用 cbind() 將兩個列數相同的矩陣左右合為一個矩陣：

```
> C <- matrix(1:4, nrow = 2, ncol = 2)
> D <- matrix(1:6, nrow = 2, ncol = 3)

> cbind(C, D)

     [,1] [,2] [,3] [,4] [,5]
```

```
[1,]    1    3    1    3    5
[2,]    2    4    2    4    6
```

也可以使用 rbind() 將兩個行數相同的矩陣上下合為一個矩陣：

```
> E <- matrix(1:4, nrow = 2, ncol = 2)
> F <- matrix(1:6, nrow = 3, ncol = 2)

> rbind(E, F)

     [,1] [,2]
[1,]    1    3
[2,]    2    4
[3,]    1    4
[4,]    2    5
[5,]    3    6
```

接著我們來介紹一些矩陣運算。使用下列指令可以求出矩陣 A 的轉置矩陣 (transpose)：

```
> t(A)

     [,1] [,2] [,3]
[1,]    1    2    3
[2,]    4    5    6
[3,]    7    8    9
```

因此要求出 A 的 grammian 矩陣 $A^T A$ 可以使用下列指令：

```
> t(A) %*% A

     [,1] [,2] [,3]
[1,]   14   32   50
[2,]   32   77  122
[3,]   50  122  194
```

使用下列指令可以取得一個方陣 (square matrix) 的對角線分量：

```
> diag(A)
[1] 1 5 9
```

而一個方陣的跡數 (trace) 是對角線分量之和，可以由下列指令得到：

```
> sum(diag(A))
[1] 15
```

若一個方陣是非奇異的 (nonsingular)，則其行列式值 (determinant) 不為零且反矩陣 A^{-1} 存在且唯一；此時我們可用 solve(A) 來求出此反矩陣。例如：

```
> A <- matrix(c(1, 0, 0, 3, 0.5, 0, 2, 1, 0.25),
+            nrow = 3, ncol = 3)
> A

     [,1] [,2] [,3]
[1,]    1  3.0 2.00
[2,]    0  0.5 1.00
[3,]    0  0.0 0.25

> det(A)   # 行列式
[1] 0.125

> Ainv <- solve(A)
> Ainv

     [,1] [,2] [,3]
[1,]    1   -6   16
[2,]    0    2   -8
[3,]    0    0    4
```

我們來驗證上述結果之正確性：

```
> Ainv %*% A

     [,1] [,2] [,3]
[1,]    1    0    0
[2,]    0    1    0
[3,]    0    0    1
```

若要解一個線性方程組 (system of linear equations) $Ax = b$ 可用 solve(A, b) 來求解。例如：

```
> b <- c(2, 1, 3)

> solve(A, b)
[1]  44 -22   12
```

一些標準的矩陣分解函數包括：

▶ chol {base} # 實數對稱正定矩陣之 Choleski 分解 (Choleski decomposition)

▶ eigen {base} # 矩陣之譜分解 (spectral decomposition)

▶ qr {base}　　# 矩陣之 QR 分解 (QR decomposition)

▶ svd {base}　# 矩陣之奇異值分解 (singular value decomposition)

另外，Matrix 套件提供許多有用的矩陣運算函數以及一些常用且重要的矩陣分解。

一個陣列可以有 3 或 3 個以上的索引結構。例如：

```
> A <- array(1:24, dim = c(4, 3, 2))
> A

, , 1
```

```
      [,1] [,2] [,3]
[1,]    1    5    9
[2,]    2    6   10
[3,]    3    7   11
[4,]    4    8   12

, , 2

      [,1] [,2] [,3]
[1,]   13   17   21
[2,]   14   18   22
[3,]   15   19   23
[4,]   16   20   24
```

對於上面這個陣列的分量排列方式，一個簡單記法是我們會得到 2 個 4×3 的矩陣，而數字是依行放置的。另一個簡單的記法是，當填入數字時，愈左邊的指標跑得愈快。

由一個三維的陣列中取出一些分量時要很小心指標的範圍，不然會很容易弄錯。不知您會不會被下面的這些結果搞得頭很暈很想睡覺：

```
> A[, 2:3,]

, , 1

      [,1] [,2]
[1,]    5    9
[2,]    6   10
[3,]    7   11
[4,]    8   12

, , 2

      [,1] [,2]
[1,]   17   21
[2,]   18   22
[3,]   19   23
```

```
[4,]    20    24

> A[2:4, 2:3,]

, , 1

     [,1] [,2]
[1,]    6   10
[2,]    7   11
[3,]    8   12

, , 2

     [,1] [,2]
[1,]   18   22
[2,]   19   23
[3,]   20   24

> A[2:4, 2:3, 2]

     [,1] [,2]
[1,]   18   22
[2,]   19   23
[3,]   20   24
```

2.5 列表

接下來我們介紹另一種資料類別，即列表 (list)，這物件跟下一節要介紹的資料框 (data frame) 的關係非常密切；事實上資料框可視為列表的一個特例。使用 list() 函數定義出來的列表實際上是一個向量，其中各分量可以是不同的資料類別或物件，這種向量稱為泛型向量 (generic vector)。在撰寫函數 (function) 的時候，若要傳回的物件不只一個，可以使用 list() 將所需的物件包裝成為一個列表物件再傳回。舉個簡單的例子來說明。定義

```
> camera <- list(c("Leica", "Pentax", "Olympus", "Nikon"),
+   c(1.2, 3.4), c("red", "green", "blue"))
> camera

[[1]]
[1] "Leica"   "Pentax"  "Olympus" "Nikon"

[[2]]
[1] 1.2 3.4

[[3]]
[1] "red"   "green" "blue"
```

請注意 [[]] 符號的使用。此列表的三個分量也是可以有名稱的：

```
> camera <- list(brand = c("Leica", "Pentax", "Olympus",
+       "Nikon"), real.number = c(1.2, 3.4),
+       color = c("red", "green", "blue"))
> camera

$brand
[1] "Leica"   "Pentax"  "Olympus" "Nikon"

$real.number
[1] 1.2 3.4

$color
[1] "red"   "green" "blue"
```

　　物件 camera 是 3 個維度的向量，其中每個維度都有名稱 (name)。存取某個維度的資料可以使用數值指標，也可以使用名稱字串指標或使用 $ 加上名稱來索引。比方說我們要存取第一個維度的資料，可以使用下列的索引方式：

(1) 索引方式一：使用 [ ]

```
> a1 <- camera[1]
> a1
```

```
$brand
[1] "Leica"   "Pentax"   "Olympus" "Nikon"

> camera["brand"]
$brand
[1] "Leica"   "Pentax"   "Olympus" "Nikon"

> class(a1)
[1] "list"
```

(2) 索引方式二：使用 [[ ]]

```
> a2 <- camera[[1]]
> a2
[1] "Leica"   "Pentax"   "Olympus" "Nikon"

> camera[["brand"]]
[1] "Leica"   "Pentax"   "Olympus" "Nikon"

> class(a2)
[1] "character"
```

(3) 索引方式三：使用 $

```
> a3 <- camera$brand
> a3
[1] "Leica"   "Pentax"   "Olympus" "Nikon"

> class(a3)
[1] "character"
```

要特別注意的是使用 [] 索引的輸出 a1 是列表，其維度為 1，因此對 a1 再重複索引一次還是會得到相同的結果，如下所示：

```
> camera[1][1] # 或 a1[1]
$brand
[1] "Leica"   "Pentax"   "Olympus" "Nikon"
```

使用 [[]] 或 $ 索引其輸出是一個原型向量，因此 a2 和 a3 都是向量而不是列表，於是所有對向量的索引方式皆可使用，例如：

```
> a2[c(1, 2)]
[1] "Leica"  "Pentax"

> a3[2]
[1] "Pentax"
```

我們可以使用下列的指令皆可產生一個長度為 3 的列表：

```
> vector(mode = "list", length = 3)

[[1]]
NULL

[[2]]
NULL

[[3]]
NULL
```

2.6 資料框

在統計的應用中，所需的資料集 (data sets) 大部份是儲存成資料框 (data frame) 的型式。資料框是 R 程式語言的資料物件之中最常用的一種，它與 SAS 或 SPSS 資料集相當類似，其基本結構是矩陣，通常還包含標示變數名稱。底下是葉先生家成員照相機之數據，我們將這些數據組合成一個資料框：

```
> x1 <- c("father", "mother", "brother", "sister")
> x2 <- c("Leica", "Pentax", "Olympus", "Nikon")
> x3 <- c("gold", "red", "green", "blue")
> x4 <- c(2, 1, 1, 2)

> camera <- data.frame(member = x1, brand = x2,
```

```
+                 color = x3, amount = x4)
> camera

  member    brand color amount
1 father    Leica  gold      2
2 mother   Pentax   red      1
3 brother Olympus green      1
4 sister    Nikon  blue      2

> class(camera)
[1] "data.frame"
```

請注意在一個資料框中某行之名稱不一定要與原始物件名稱相同。也要特別注意到一個資料框中各行的長度必須相同。

　　想要知道一個資料框中所有行的名稱可以使用下面這些指令來得到：

```
> names(camera)
[1] "member" "brand"  "color"  "amount"
```

或

```
> colnames(camera)  # column names
[1] "member" "brand"  "color"  "amount"
```

順便知道一下各列的名稱：

```
> rownames(camera)  # row names
[1] "1" "2" "3" "4"
```

若要知道第二行品牌 (brand) 之內容可以使用下面這些指令：

```
> camera$brand

> camera[, 2]
```

```
> camera[, "brand"]

[1] Leica    Pentax   Olympus Nikon
Levels: Leica Nikon Olympus Pentax
```

也可使用下列指令在原來的資料框中加入一行數據：

```
> x5 <- c(8, 3, 2, 2)
> camera$cost <- x5
> camera

   member     brand color amount cost
1  father     Leica  gold      2    8
2  mother    Pentax   red      1    3
3 brother   Olympus green      1    2
4  sister     Nikon  blue      2    2
```

要改變行的名稱也是很容易的。例如我們想同時將 "amount" 改為 "number" 且 "cost" 改為 "money"，可以使用下列指令來完成：

```
> test <- camera
> colnames(test)[c(4, 5)] <- c("number", "money")
> test

   member     brand color number money
1  father     Leica  gold      2     8
2  mother    Pentax   red      1     3
3 brother   Olympus green      1     2
4  sister     Nikon  blue      2     2
```

若我們想知道照相機品牌 (brand) 為 Leica 的資料，可以使用下列指令：

```
> camera[camera$brand == "Leica",]
```

或

```
> subset(camera, brand == "Leica")

  member brand color amount cost
1 father Leica  gold      2    8
```

若我們想知道照相機品牌為 Leica 或 Nikon 的資料，可以使用下列指令：

```
> camera[camera$brand %in% c("Leica", "Nikon"), ]
```

或

```
> subset(camera, brand %in% c("Leica", "Nikon"))

  member brand color amount cost
1 father Leica  gold      2    8
4 sister Nikon  blue      2    2
```

若我們想知道照相機之價格 (cost) 大於 2 的資料，可以使用下列指令：

```
> camera[camera$cost > 2, ]
```

或

```
> subset(camera, cost > 2)

  member  brand color amount cost
1 father  Leica  gold      2    8
2 mother Pentax   red      1    3
```

若要在原來的資料框中加入一行 log(cost) 之數據，可以使用下列指令：

```
> transform(camera, log.cost = log(cost))
```

```
    member    brand color amount cost  log.cost
1   father    Leica  gold      2    8 2.0794415
2   mother   Pentax   red      1    3 1.0986123
3  brother  Olympus green      1    2 0.6931472
4   sister    Nikon  blue      2    2 0.6931472
```

來做一件瘋狂的事 (果然失敗)：

```
> as.numeric(camera)
Error: (list) object cannot be coerced to type 'double'
```

那麼這個指令呢：

```
> as.matrix(camera)

     member     brand       color     amount cost
[1,] "father"   "Leica"     "gold"    "2"    "8"
[2,] "mother"   "Pentax"    "red"     "1"    "3"
[3,] "brother"  "Olympus"   "green"   "1"    "2"
[4,] "sister"   "Nikon"     "blue"    "2"    "2"
```

原來的資料框變成一個文字矩陣了，如下所示：

```
> class(as.matrix(camera))
[1] "matrix"

> is.character(as.matrix(camera))
[1] TRUE
```

若一個矩陣轉為資料框會變什麼樣子呢？例如：

```
> A <- matrix(c(1.2, -6.5, -3.4, 4.3, 5.6, -2.1),
+             nrow = 2, ncol = 3)
> A

     [,1] [,2] [,3]
```

```
[1,]   1.2 -3.4   5.6
[2,]  -6.5   4.3  -2.1
```

請注意一個矩陣是沒有列名稱及行名稱的：

```
> rownames(A)   # row names
NULL

> colnames(A)   # column names
NULL
```

現在將矩陣 A 轉為資料框：

```
> D <- as.data.frame(A)
> D

    V1    V2    V3
1   1.2  -3.4   5.6
2  -6.5   4.3  -2.1

> names(D)
[1] "V1" "V2" "V3"

> colnames(D)
[1] "V1" "V2" "V3"

> rownames(D)
[1] "1" "2"
```

在此 "V1" 是 Variable 1 (第一個變數) 的意思。因此

```
> D$V1
[1]   1.2  -6.5
```

2.7 因子

因子 (factor) 可用來描述有限個具有等級與類別屬性的資料，如性別、階級等。因子基本上是文字向量，但一般而言向量中有許多分量的內容是相同的。比方說，若定義一個文字向量如下：

```
> x <- c("R", "G", "B", "R", "R", "B", "R", "G", "G")
> x
[1] "R" "G" "B" "R" "R" "B" "R" "G" "G"

> class(x)
[1] "character"
```

將其轉換為因子：

```
> y <- factor(x)
> y
[1] R G B R R B R G G
Levels: B G R

> class(y)
[1] "factor"
```

這說明了 y 是一個因子，共有 9 個分量及 3 個等級 (levels) (分別為 "B", "G", "R")。等級之次序是依英文字母的順序。一般而言，類別變數 (categorical variable) 是以因子來表示。有趣的是這些等級是可以用整數來表示的：

```
> as.integer(y)
[1] 3 2 1 3 3 1 3 2 2
```

若我們想知道 y 中共有那些等級，可使用下列指令：

```
> levels(y)
[1] "B" "G" "R"
```

若我們想知道第二個等級可使用下列指令：

```
> levels(y)[2]
[1] "G"
```

要知道共有幾個等級可使用下列指令：

```
> nlevels(y)
[1] 3
```

來玩個小遊戲：

```
> levels(y)[as.integer(y)]
[1] "R" "G" "B" "R" "R" "B" "R" "G" "G"
```

這正是原來的 x。

接著我們來介紹如何產生一個因子。例如我們想產生一個因子，其中含有 5 個等級且每個等級皆有 3 個分量與之對應。我們可以使用下面的指令：

```
> gl(5, 3)   # factor levels up to 5 with repeats of 3
```

或

```
> gl(n = 5, k = 3)

[1] 1 1 1 2 2 2 3 3 3 4 4 4 5 5 5
Levels: 1 2 3 4 5

> class(gl(5, 3))
[1] "factor"
```

下列兩個指令會得到相同的結果：

```
> gl(5, 2, 13)
> gl(n = 5, k = 2, length = 13)

[1] 1 1 2 2 3 3 4 4 5 5 1 1 2
Levels: 1 2 3 4 5

> is.factor(gl(5, 2, 13))
[1] TRUE
```

由上可知，若所指定因子的長度 (即 13) 比原先應有的長度 (即 5*2) 長時，則等級會被依序循環重覆使用。

2.8 檔案資料輸入與輸出

函數 setwd() 可以用來設定工作目錄 (working directory)，以供將來所有輸出入使用。使用函數 getwd() 可以查看工作目錄。為了底下說明之方便，首先我們刪除工作區內之所有物件：

```
> rm(list = ls())
> ls()
character(0)
```

現在設定工作目錄:

```
> mywd <- "D:/Practical-R-Programming/R-Files"
> setwd(mywd)
> getwd()
[1] "D:/Practical-R-Programming/R-Files"
```

要特別注意的是，在執行上面這些指令前必須先確定已經建立好 D:/Practical-R-Programming/R-Files 這個資料夾，否則無法完成並會出現錯誤訊息。

使用函數 dump() 可以將所指定的所有物件以文字模式輸出至檔案，其輸出內容包括物件名稱以及其值，將來可使用 R 指令直接叫回來使用。使用函數 source() 可以將預先準備好的 R 指令檔讀進 R 並執行，也可以直接讀入 dump() 的輸出檔案。函數 save() 與 load() 的功能分別和 dump() 與 source() 相似，其檔案內容非文字，而是為內建的編碼格式。例如：

```
> x <- 1:10
> y <- matrix(1:6, nrow = 2, ncol = 3)
> x
 [1]  1  2  3  4  5  6  7  8  9 10
> y
     [,1] [,2] [,3]
[1,]    1    3    5
[2,]    2    4    6

> ls()
[1] "mywd" "x"      "y"

> dump(c("x", "y"), file = "dump.txt")
> rm(x); rm(y)
> ls()
[1] "mywd"

> source(file = "dump.txt")
> ls()
[1] "mywd" "x"      "y"

> x
 [1]  1  2  3  4  5  6  7  8  9 10
> y
     [,1] [,2] [,3]
[1,]    1    3    5
[2,]    2    4    6
```

不妨打開 dump.txt 看看其中之內容。

使用函數 dput() 可以將一個物件以文字模式輸出至檔案，其輸出內容只有物件的值，將來使用函數 dget() 讀回時，可以指定給不同的變數名稱。例如：

```
> dput(y, file = "dput.txt")
> newy <- dget("dput.txt")
> newy
     [,1] [,2] [,3]
[1,]    1    3    5
[2,]    2    4    6
```

各位可以打開 dput.txt 看看其中之內容。

使用函數 sink() 可以將銀幕輸出轉到所指定的文字檔，再呼叫一次無參數的 sink()，即可停止將輸出內容轉到所指定的文字檔，亦即將輸出內容轉回銀幕。例如：

```
> sink("test.txt")
> x
> y
> sink()
> x
 [1]  1  2  3  4  5  6  7  8  9 10
> y
     [,1] [,2] [,3]
[1,]    1    3    5
[2,]    2    4    6
```

讀者不妨打開 test.txt 看看其中之內容。

在所有檔案輸出及輸入的函數中，函數 read.table() 和 write.table() 最為常用，這兩個輸出入函數可以處理的資料最接近 SAS 和 SPSS 的資料格式。而函數 read.csv() 和 write.csv() 除了預設值不同之外，功能跟前述兩個函數完全相同。另外也可以使用 scan() 函數直接從鍵盤讀入資料；而如果需要少部分更動資料內容，則可以使用 edit() 在 Data Editor 視窗進行編輯。

首先建議使用者使用 setwd() 來設定工作目錄，再進行檔案的輸出與輸入。例如：

```
> setwd("D:/Practical-R-Programming/R-Files")
```

現在從內建的 iris{datasets} 資料框中之 Sepal.Length, Sepal.Width, Species 取出 6 筆資料形成新的資料框 dataf：

```
> dataf <- iris[c(1, 2, 51, 52, 101, 102), c(1, 2, 5)]
> dataf

    Sepal.Length Sepal.Width    Species
1            5.1         3.5     setosa
2            4.9         3.0     setosa
51           7.0         3.2 versicolor
52           6.4         3.2 versicolor
101          6.3         3.3  virginica
102          5.8         2.7  virginica
```

我們可以使用 edit() 將列名稱 (row names) 修改成為 1 至 6，再儲存到 dataf.txt 檔案之中：

```
> dataf <- edit(dataf)
> write.table(dataf, "dataf.txt")
```

下面是 dataf.txt 的檔案內容：

```
"Sepal.Length" "Sepal.Width" "Species"
"1" 5.1 3.5 "setosa"
"2" 4.9 3 "setosa"
"3" 7 3.2 "versicolor"
"4" 6.4 3.2 "versicolor"
"5" 6.3 3.3 "virginica"
"6" 5.8 2.7 "virginica"
```

將檔案重新讀進來：

```
> df <- read.table("dataf.txt")
> df

  Sepal.Length Sepal.Width    Species
1          5.1         3.5     setosa
2          4.9         3.0     setosa
3          7.0         3.2 versicolor
4          6.4         3.2 versicolor
5          6.3         3.3  virginica
6          5.8         2.7  virginica
```

因為 dataf.txt 是文字檔案，使用者可以使用文字編輯器進行內容編輯，將檔案內所有的雙引號去掉後另存成為 dataf0.txt，檔案內容如下：

```
Sepal.Length Sepal.Width Species
1 5.1 3.5 setosa
2 4.9 3 setosa
3 7 3.2 versicolor
4 6.4 3.2 versicolor
5 6.3 3.3 virginica
6 5.8 2.7 virginica
```

再將檔案讀進來；由於 read.table() 會自動判斷標頭 (header)，所以得到的結果完全相同：

```
> sf0 <- read.table("dataf0.txt")
> sf0

  Sepal.Length Sepal.Width    Species
1          5.1         3.5     setosa
2          4.9         3.0     setosa
3          7.0         3.2 versicolor
4          6.4         3.2 versicolor
5          6.3         3.3  virginica
6          5.8         2.7  virginica
```

接下來的 dataf1.txt, dataf2.txt 和 dataf3.txt 是使用文字編輯器於 dataf0.txt 分別去掉標頭、列名稱以及同時去掉標頭與列名稱的檔案。讀取沒有標頭的檔案時，函數會自動增加標頭，讀取沒有列名稱的檔案時，會自動按順序增加列名稱。

```
> sf1 <- read.table("dataf1.txt", header = FALSE)
> sf1

  V1  V2  V3          V4
1  1 5.1 3.5      setosa
2  2 4.9 3.0      setosa
3  3 7.0 3.2  versicolor
4  4 6.4 3.2  versicolor
5  5 6.3 3.3   virginica
6  6 5.8 2.7   virginica

> sf2 <- read.table("dataf2.txt", header = TRUE,
+           row.names = NULL)
> sf2

  Sepal.Length Sepal.Width     Species
1          5.1         3.5      setosa
2          4.9         3.0      setosa
3          7.0         3.2  versicolor
4          6.4         3.2  versicolor
5          6.3         3.3   virginica
6          5.8         2.7   virginica

> sf3 <- read.table("dataf3.txt", header = FALSE,
+           row.names = NULL)
> sf3

   V1  V2          V3
1 5.1 3.5      setosa
2 4.9 3.0      setosa
3 7.0 3.2  versicolor
4 6.4 3.2  versicolor
```

```
5 6.3 3.3   virginica
6 5.8 2.7   virginica
```

函數 read.table() 讀入資料檔後，標頭和列名稱會為成為字串格式，其餘所有數值項會存為數值變數的格式，非數值則會存為因子格式。它在讀取資料檔時，其分界元 (separator) 預設為空格符號，當然它也可以讀取分界元為逗號的 CSV (Comma Separated Values) 檔。下面是 dataf2.csv 的檔案內容：

```
Sepal.Length,Sepal.Width,Species
5.1,3.5,setosa
4.9,3,setosa
7,3.2,versicolor
6.4,3.2,versicolor
6.3,3.3,virginica
5.8,2.7,virginica

> sf_csv2 <- read.table("dataf2.csv", sep = ",",
+                   row.names = NULL, header = TRUE)
> sf_csv2

  Sepal.Length Sepal.Width     Species
1          5.1         3.5      setosa
2          4.9         3.0      setosa
3          7.0         3.2  versicolor
4          6.4         3.2  versicolor
5          6.3         3.3   virginica
6          5.8         2.7   virginica
```

使用者也可以直接使用 read.csv()，結果完全相同：

```
> sf_csv2 <- read.csv("dataf2.csv")
> sf_csv2

  Sepal.Length Sepal.Width     Species
1          5.1         3.5      setosa
2          4.9         3.0      setosa
```

```
3          7.0          3.2 versicolor
4          6.4          3.2 versicolor
5          6.3          3.3 virginica
6          5.8          2.7 virginica
```

常常我們要讀進來的檔案並不在工作目錄中。比方說我們想由資料夾

D:/Practical-R-Programming/R-Data-Sets

讀取一個 Typhoon-01 之文字檔案並將此指定給物件 typhoon.data，可以使用下列之指令：

```
> typhoon.data <- read.table("D:/Practical-R-Programming/
+   R-Data-Sets/Typhoon-01.txt", header = TRUE)
```

如果要讀進來的檔案資料不是整齊的表格式資料，而是像討論區對話式的一筆一筆資料，則可以使用readLines() 指令將資料讀進來。例如下列資料就是儲存網路上一小段對話原始資料檔案 datalines.txt 的內容：

```
<A> okay come on in </A>
<B> <overlap /> hi: </B>
<A> <overlap /> good afternoon </A>
<B> good afternoon </B>
<A> take a seat please </A>
<B> thank you: </B>
<A> my name is <first name of interviewer> <overlap /> nice
to meet you </A>
<B> <overlap /> (mhm) nice to meet you I'm <first name of
interviewee> </B>
<A> <first name of interviewee> <overlap /> good nice to
meet you </A>
<B> <overlap /> (mhm) </B>
<A> okay . <first name of interviewee> let's have a chat ..
so there are three topics . which one: do you want to talk
about </A>
```

```
<B> I guess: . I guess if I have to choose I will go with .
topic number three </B>
```

我們可以使用 readLines() 指令將資料讀進來：

```
> datarL <- readLines("datalines.txt")
> datarL
```

我們還可以使用下列指令，將 A 的對話和 B 的對話內容各自取出來，並分別以 dataA.txt 與 dataB.txt 儲存起來：

```
> startA <- regexpr("<A>", datarL)
> stopA <- regexpr("</A>", datarL)
> AA <- substr(datarL, startA, stopA - 1)
> writeLines(AA, "dataA.txt")

> startB <- regexpr("<B>", datarL)
> stopB <- regexpr("</B>", datarL)
> BB <- substr(datarL, startB, stopB - 1)
> writeLines(BB, "dataB.txt")
```

dataA.txt的內容如下：

```
<A> okay come on in

<A> <overlap /> good afternoon

<A> take a seat please

<A> my name is <first name of interviewer> <overlap /> nice
to meet you

<A> <first name of interviewee> <overlap /> good nice to
meet you
```

```
<A> okay . <first name of interviewee> let's have a chat ..
so there are three topics . which one: do you want to talk
about
```

dataB.txt的內容如下：

```
<B> <overlap /> hi:

<B> good afternoon

<B> thank you:

<B> <overlap /> (mhm) nice to meet you I'm <first name of
interviewee>

<B> <overlap /> (mhm)

<B> I guess: . I guess if I have to choose I will go with .
topic number three
```

R 也可以讀進 Excel 檔案，但先要下載安裝並載入 readxl 套件，再利用 read_excel() 指令將資料讀進來；R 只會讀進 Excel 檔案中第一張工作表內的內容。舉例而言，下列是 Excel 檔案 dataexcel 的內容：

	A	B	C	D	E	F	G	H
1	姓名	座號	國文	數學	英文	物理	化學	
2	蔡小玲	1	94	70	60	80	80	
3	洪英俊	2	73	80	85	73	68	
4	王麗美	3	85	90	86	90	90	
5	梁珊博	4	81	80	78	50	95	
6	陳小冬	5	72	89	64	87	100	
7	高大強	6	95	85	70	68	87	
8	張大富	7	95	95	87	69	64	
9	蔣孝華	8	85	100	90	50	35	
10	熊啟火	9	85	100	98	86	80	
11	林玲靈	10	85	95	90	90	90	
12								

我們使用 read_excel() 指令將資料讀進來：

```
> library(readx1)
> dataE <- read_excel("dataexcel.xls")
> dataE

    姓名 座號 國文 數學 英文 物理 化學
1   蔡小玲    1   94   70   60   80   80
2   洪英俊    2   73   80   85   73   68
3   王麗美    3   85   90   86   90   90
4   梁珊博    4   81   80   78   50   95
5   陳小冬    5   72   89   64   87  100
6   高大強    6   95   85   70   68   87
7   張大富    7   95   95   87   69   64
8   蔣孝華    8   85  100   90   50   35
9   熊鉥火    9   85  100   98   86   80
10  林玲靈   10   85   95   90   90   90

>
```

此外，我們也可以使用 R 指令從網路上下載上市公司的股價資料，包括日期、開盤、最高、最低、收盤價格與成交量等數據。首先要下載安裝並載入 quantmod 套件，再利用 getSymbols() 指令來取資料。請注意 quantmod 套件要能正常運作需要 R 的版本至少是 3.2.0。例如我們想要取得台灣上市公司股票代號1303(南亞)，從 2018 年 1 月 5 日到 2018 年 5 月 11 日的股票成交資料，可以使用下面指令並將這些資料指定給 tw1303 物件：

```
> library(quantmod)

> tw1303 <- getSymbols("1303.TW", from = "2018-01-05",
+   to = "2018-05-11", src = "yahoo", auto.assign = FALSE)

> tw1303
```

函數 scan() 也可用來讀取資料的文字檔，並可以將讀入的資料存成向量或列表。如果沒有給檔名，則直接由控制台輸入，連按兩次 Enter 鍵結束輸入。例如：

```
> x <- scan()
1: 1.1
2: 2.2
```

```
3: 3.3
4:
Read 3 items

> x
[1] 1.1 2.2 3.3
```

假設檔案 scanvct.txt 的內容如下：

```
5.1 3.5 1.4 0.2

> sv <- scan("scanvct.txt")
Read 4 items
> sv
[1] 5.1 3.5 1.4 0.2
```

假設檔案 scanlst.txt 的內容如下：

```
5.1 3.5 setosa
4.9 3.0 setosa
7.0 3.2 versicolor
6.4 3.2 versicolor
6.3 3.3 virginica
5.8 2.7 virginica
```

我們也可以設定函數的第二個參數為虛擬列表，並說明讀入的資料 3 個一組，前 2 個是數值最後1個是字元，其執行結果如下：

```
> sl <- scan("scanlst.txt", list(
+   Sepal.Length = 0, Sepal.Width = 0, Species = ""))

Read 6 records

> sl

$Sepal.Length
```

```
[1] 5.1 4.9 7.0 6.4 6.3 5.8

$Sepal.Width
[1] 3.5 3.0 3.2 3.2 3.3 2.7

$Species
[1] "setosa"     "setosa"     "versicolor" "versicolor"
[5] "virginica"  "virginica"
```

常常我們想將同樣長度的幾個向量一起列出，則可以使用下列的指令 (排序指令 sort(), rank() 會在第四章有詳細的介紹)：

```
> x <- c(1.2, -3.4, 5.7, -6, 0, 3)
> cbind(x, sort(x), rank(x))

        x
[1,]  1.2 -6.0 4
[2,] -3.4 -3.4 2
[3,]  5.7  0.0 6
[4,] -6.0  1.2 1
[5,]  0.0  3.0 3
[6,]  3.0  5.7 5
```

這樣的輸出不是很漂亮，因此我們將第二行及第三行之向量取個合適的名稱：

```
> cbind(x, sort = sort(x), rank = rank(x))

        x sort rank
[1,]  1.2 -6.0    4
[2,] -3.4 -3.4    2
[3,]  5.7  0.0    6
[4,] -6.0  1.2    1
[5,]  0.0  3.0    3
[6,]  3.0  5.7    5
```

好多了吧！我們也可用下列的指令：

```
> data.frame(x, sort = sort(x), rank = rank(x))

     x sort rank
1  1.2 -6.0    4
2 -3.4 -3.4    2
3  5.7  0.0    6
4 -6.0  1.2    1
5  0.0  3.0    3
6  3.0  5.7    5
```

現在我們來介紹兩個常用的列印函數 cat() 和 print()。在使用者自行撰寫之函數裡面，可以使用 print() 或 cat() 將資料輸出到銀幕，以進行必要的觀察和方便除錯。令

```
> y <- cbind(x, sort = sort(x), rank = rank(x))
> z <- data.frame(x, sort = sort(x), rank = rank(x))
```

來看看以下的執行結果 ("\n" 為換行符號)：

```
> cat(x, "\n")
1.2 -3.4 5.7 -6 0 3

> cat(y, "\n")
1.2 -3.4 5.7 -6 0 3 -6 -3.4 0 1.2 3 5.7 4 2 6 1 3 5

> cat(z, "\n")
Error in cat(list(...), file, sep, fill, labels, append) :
argument 1 (type 'list') cannot be handled by 'cat'

> print(x)
[1]  1.2 -3.4  5.7 -6.0  0.0  3.0

> print(y)
```

```
      x sort rank
[1,]  1.2 -6.0    4
[2,] -3.4 -3.4    2
[3,]  5.7  0.0    6
[4,] -6.0  1.2    1
[5,]  0.0  3.0    3
[6,]  3.0  5.7    5

> print(z)

    x sort rank
1  1.2 -6.0    4
2 -3.4 -3.4    2
3  5.7  0.0    6
4 -6.0  1.2    1
5  0.0  3.0    3
6  3.0  5.7    5
```

由上可知，cat() 無法正確處理二維陣列之列印。

2.9 習題

【習題 2.9.1】

(1) 試產生一個內含 1.2, 3.4, 5.6, 7.8 的實數類別向量物件 real.number。

(2) 將 real.number 轉換成整數類別向量物件 integer.number。

(3) 檢查 integer.number 的屬性為何？

【習題 2.9.2】請問下列物件之類別：

```
x <- c(-2.5, 3.2, 0, 4.4, 6.2)

y <- 1:5

z1 <- c("terrific", "gorgeous", "you.bet")
z2 <- c(3, "terrific", "gorgeous", "you.bet")
```

```
u <- diag(c(1.1, 2.2, 3.3))

v <- CO2

w <- list(c("terrific", "gorgeous", "you.bet"), c(1.1, 2.2),
c(TRUE, FALSE))

r <- x < y
```

【習題 2.9.3】

(1) 利用 seq() 函數產生 11, 14, 17, 20, 23, 26, 29, 32, 35 的向量物件 num.1。

(2) 利用 c() 函數將 num.1 與 -27, 19, -33, 43, 51 組合成向量物件 num.2。

【習題 2.9.4】利用 seq() 和 rep() 函數產生下列向量：

(1) 9, 9, 9, 9, 9, 8, 8, 8, 8, 8, 7, 7, 7, 7, 7, 6, 6, 6, 6, 6, 5, 5, 5, 5, 5

(2) 9, 8, 7, 6, 5, 9, 8, 7, 6, 5, 9, 8, 7, 6, 5, 9, 8, 7, 6, 5, 9, 8, 7, 6, 5

(3) 9, 8, 7, 6, 5, 8, 7, 6, 5, 4, 7, 6, 5, 4, 3, 6, 5, 4, 3, 2

【習題 2.9.5】試分別求出 28910457 除以 50968 的整數部分和餘數部分。

【習題 2.9.6】計算下列的數值：

(1) $2.5^3 + \sqrt{10}$

(2) $e^{-2} + 3 \times \log(20) - \cos(2\pi)$

(3) $\cos(x)$, $x = 0, \pi/2, \pi, 3\pi/2, 2\pi$

(4) $1 + 1/2 + 1/3 + 1/4 + 1/5$

【習題 2.9.7】令 x = 1.23456789，試計算下列結果：

(1) ceiling(x)

(2) floor(x)

(3) trunc(x)

(4) round(x, digits = 6)

(5) signif(x, digits = 6)

【習題 2.9.8】令

```
x <- c(-2.5, 3.2, 0, 4.4, 6.2)
```

(1) 請計算 x 的樣本平均數 (sample mean)、樣本中位數 (sample median)、樣本變異數 (sample variance)、樣本標準差 (sample standard deviation)、最小值、及最大值。

(2) 如何刪除 x 的最後一個元素？

(3) 如何將 8.8 加在 x 的最後面？

(4) 若 y <- 1:3，請問 x * y 會產生怎樣的答案？為什麼？

【習題 2.9.9】令

```
x <- c(1, 2, 3, 4, 5); y <- c(-1, -2, -3, -4, -5)
```

試計算下列結果：

(1) min(x); min(x, y); max(y); max(x, y)

(2) prod(x); prod(x, y); range(y); range(x, y)

(3) sum(x); sum(x, y)

(4) length(y); mean(x); sd(y); var(x); median(y)

(5) x * y; y * x; 5 * x; y * 5

(6) 求出 x 和 y 兩個向量的內積。

(7) 刪除 x 向量的第三元素及 y 向量的最後一個元素，並將剩餘的元素組成向量 z。

【習題 2.9.10】

(1) 產生一個內含 apple, pineapple, banana, grape, orange, watermelon 的文字類別向量物件 fruits。

(2) 利用 substr() 或 substring() 將 fruits 向量中每個單字的前 4 個字提出來當成縮寫組成向量 sub.fruits。

(3) 利用 paste() 和 fruits 向量產生內含 The apple is a good fruit. The pineapple is a good fruit. The banana is a good fruit. The grape is a good fruit. The orange is a good fruit. The watermelon is a good fruit. 的向量 good.fruits。

(4) 利用 seq() 和 rep() 與 fruits 向量產生內含 apple, pineapple, banana, pineapple, banana, grape, banana, grape, orange, grape, orange, watermelon 的向量 rep.fruits。

【習題 2.9.11】

(1) 利用 LETTERS[] 和 letters[] 產生大寫與小寫的 m, n, o, p, q 五個英文字母。

(2) 分別利用 month.name[] 和 month.abb[] 來產生 5 到 10 月份名稱之文字向量。

【習題 2.9.12】令

$$A = \begin{bmatrix} 1.5 & 1.1 & 0 \\ -4.2 & -2 & 2.2 \\ 0 & 4 & 3.3 \end{bmatrix}, b = \begin{bmatrix} 5 \\ 4 \\ 3 \end{bmatrix}, B = A^T A.$$

(1) 試計算 B, $A+B$, $A-B$, AB。

(2) 試計算 A^{-1} 並對線性方程組 $Ax=b$ 求解。

【習題 2.9.13】

(1) 將數列 -1, -3, -5, -7, -9, 11, 13, 15, 2, 4, 6, 8, 10, 12, -14, -16 分別依行、依列放置數字產生 4×4 的矩陣 A 與 B。

(2) 利用 nrow() 和 ncol() 計算矩陣 A 的元素個數。

(3) 執行 A - B, B - A, A + B。

(4) 執行 A * B, B * A, A %*% B, B %*% A。

(5) 利用 cbind() 將矩陣 A, B 組合成 A 在左 B 在右的 4×8 矩陣 U。

(6) 利用 rbind() 將矩陣 A, B 組合成 A 在上 B 在下的 8×4 矩陣 V。

(7) 求出 A 的轉置矩陣。

(8) 求出 A 的行列式。

(9) 求出 A 的 grammian 矩陣。

(10) 求出 A 的反矩陣。

【習題 2.9.14】

【習題 2.9.14】考慮 CO2{datasets} 這個資料集，是禾本科植物對二氧化碳攝取的數據。這是一個資料框，共有 5 個變量及 84 筆量測數據，其中 "Plant" 為植物之識別碼(共 12 株植物)，"Type" 為植物品種發源地(共兩種)，"Treatment" 為處理方式(共兩種)，"conc" 為周遭的二氧化碳濃度，"uptake" 為二氧化碳之攝取量。

(1) 請列出此資料集的簡單摘要內容。

(2) 如何取出 CO2 中二氧化碳攝取量之數據。

(3) 如何同時取出 CO2 中二氧化碳濃度及攝取量之數據。

(4) 如何取出 CO2 中識別碼為 "Qn1" 或 "Qn2" 之數據。

(5) 請問二氧化碳攝取量大於 20 的是那些數據？

【習題 2.9.15】令

```
x <- c("grape", "banana", "apple", "grape")
y <- c("dog", "cat", "rabbit")
```

(1) 將 x 轉換為因子 z。

(2) 接著先想一想 y[z] 會是什麼情形？再執行看看。

邏輯運算與流程控制

　　邏輯與關係運算通常是運用在判斷式裡，其運算結果只有是或非。結合條件分支結構函數的應用是程式設計的樞紐。本章將詳細介紹 R 程式的邏輯變數運算、關係運算子、if(), ifelse() 和 switch() 等條件分支函數之運用。而迴圈 (loop) 也是程式設計經常要用到的工具，我們也將介紹在 R 程式中 for(), while() 與 repeat() 等迴圈函數的運用。

3.1 邏輯變數及運算

　　一個邏輯變數 (logic variable) 也是一個原型向量，每一分量之值為 TRUE 或 FALSE；若轉換成數值，則 TRUE 為 1，FALSE 為 0。邏輯運算 (logical operator) 是有關邏輯變數之運算。要注意的是邏輯運算之運算元是邏輯向量，運算結果也是邏輯向量。運算進行之前，如果運算元不是邏輯向量，則會先轉換成為邏輯向量，0 為 FALSE，非 0 為 TRUE。常用的邏輯運算子如下所示：

運算子	説明
!x	NOT 運算
x & y	AND 運算
x && y	AND 運算(但只運算第一個分量) 結果是一維的邏輯向量(常用於 if)
x | y	OR 運算

運算子	說明
x || y	OR 運算(但只運算第一個分量) 結果是一維的邏輯向量(常用於 if)
xor(x, y)	Exclusive OR 運算
is.na(x)	是否為遺漏值 (missing value?)

我們可以使用 as.logical() 將數字向量轉為邏輯類別之物件：

```
> as.logical(c(0, 1))
[1] FALSE  TRUE

> as.logical(c(-2.2, -1, 0, 1, 2.2))
[1]  TRUE  TRUE FALSE  TRUE  TRUE
```

由上可知若該數字為 0，則轉為 FALSE，否則轉為 TRUE。下面這些指令可將特殊的文字轉為邏輯類型之物件：

```
> as.logical(c("T", "TRUE", "True", "true"))
[1] TRUE TRUE TRUE TRUE

> as.logical(c("F", "FALSE", "False", "false"))
[1] FALSE FALSE FALSE FALSE
```

但除此之外是不行的：

```
> as.logical("handsome")
[1] NA
```

我們可使用下面這些指令來產生一個長度為 3 且皆為 FALSE 之邏輯向量：

```
> logical(3)
> vector(mode = "logical", length = 3)
```

```
[1] FALSE FALSE FALSE
```

要判斷一個物件是否為邏輯類型之物件可以使用 is.logical()。比方說：

```
> is.logical(3 < 5)
[1] TRUE

> is.logical(c(TRUE, FALSE, FALSE, TRUE))
[1] TRUE

> is.logical(c(-2.2, -1, 0, 1, 2.2))
[1] FALSE

> is.logical("handsome")
[1] FALSE
```

接下來示範一些邏輯運算：

```
> a <- c(FALSE, TRUE, FALSE, TRUE)
> b <- c(FALSE, TRUE, TRUE, FALSE)

> !a
[1]  TRUE FALSE  TRUE FALSE

> a & b
[1] FALSE  TRUE FALSE FALSE

> a | b
[1] FALSE  TRUE  TRUE  TRUE

> x <- 1:5; is.na(x)
[1] FALSE FALSE FALSE FALSE FALSE

> y <- c(x, "NA"); is.na(y)
[1] FALSE FALSE FALSE FALSE FALSE FALSE
```

```
> z <- c(x, NA); is.na(z)
[1] FALSE FALSE FALSE FALSE FALSE  TRUE
```

再來介紹 any() 和 all() 這兩個邏輯函數。令

```
> x <- c(-1.2, 0.5, 1.0, 1.3, 2.4, 5, 6.3)
```

我們想知道是否有任何 x 中之數字介於 1 到 5 之間，可以使用下列這些指令：

```
> any(1 < x & x < 5)
[1] TRUE

> any(1 < x) & any(x < 5)
[1] TRUE
```

我們想知道是否所有 x 中之數字皆介於 1 到 5 之間，可以使用下列這些指令：

```
> all(1 < x & x < 5)
[1] FALSE

> all(1 < x) & all(x < 5)
[1] FALSE
```

要判斷某個數字是否在 x 中可以使用下列的指令：

```
> 0.5 %in% x
[1] TRUE

> any(x == 0.5)
[1] TRUE

> 7.5 %in% x
[1] FALSE

> any(x == 7.5)
[1] FALSE
```

現在介紹一個很有用的函數 which()，其語法 (syntax) 為

which(logical conditions)

假設我們有一個數字向量：

$$x \leftarrow \begin{pmatrix} x_1, & x_2, & ... & x_n \end{pmatrix}$$

那些滿足給定邏輯條件的 x 的下標 (即指標) 會被找出來。比方說，若

```
> x <- c(1.2, -3.4, 5.7, -6, 0, 3)
```

則

```
> which(x >= 1)
[1] 1 3 6

> which((x >= 1) & (x <= 4))
[1] 1 6

> which(x >= 6)
integer(0)
```

最後這一個結果表示我們找不到任何指標 i 使得 x_i 滿足給定的邏輯條件。which() 執行結果的類型是整數：

```
> class(which(x >= 1))
[1] "integer"
```

那麼是那些值大於或等於 1 呢？我們可以使用下列指令：

```
> x[which(x >= 1)]
[1] 1.2 5.7 3.0
```

當我們要判斷 which() 之執行結果是否為空集合時，可以使用以下的指令：

```
> length(which(x >= 1))
[1] 3

> length(which(x >= 6))
[1] 0
```

第一個指令說明了共有 3 個數字滿足給定的邏輯條件，而第二個指令的執行結果是空集合。

3.2 條件分支

關係運算子 (relational operator) 是有關比較之運算。必須注意的是，運算元是向量，運算結果是邏輯向量。要比較的向量如果是不同資料類別，則會先轉換成相同的類別，其優先順序是 character, complex, numeric, integer, logical 和 raw。如果 x 是 character 而 y 為 numeric，則 y 會先被轉換為 character 再進行比較。常用的關係運算子如下：

運算子	説明
x > y	大於
x >= y	大於等於
x < y	小於
x <= y	小於等於
x == y	等於
x != y	不等於

以下指令執行之結果是很容易理解的：

```
> 3 < 5
[1] TRUE
```

```
> 3 > 5
[1] FALSE

> class(3 < 5)
[1] "logical"

> as.integer(3 < 5)
[1] 1

> as.integer(3 > 5)
[1] 0

> 2.5 * (3 < 5)
[1] 2.5

> 2.5 * (3 > 5)
[1] 0
```

假設

```
> x <- c(1.2, -3.4, 5.7, -6, 0, 3)
```

我們想知道那幾個及共有幾個數字大於或等於零。可使用以下指令：

```
> x >= 0
[1]  TRUE FALSE  TRUE FALSE  TRUE  TRUE

> as.integer(x >= 0)
[1] 1 0 1 0 1 1

> sum(x >= 0)
[1] 4
```

這說明了共有 4 個值滿足大於或等於零的邏輯條件。當然我們也可以使用下列指令：

```
> table(x >= 0)
FALSE   TRUE
    2      4
```

那麼是那些值大於或等於 0 呢？可以使用以下指令：

```
> x[x >= 0]
[1] 1.2 5.7 0.0 3.0
```

由上可知，邏輯向量 x >= 0 可用來當指標。那些邏輯值為 TRUE 的指標會被挑出來。舉例來說，令

```
> y <- c(2.2, -4.4, 6.6, -8.8, 0, 3.3)
```

若我們想知道是否 $x_i < y_i$，則可以使用下列指令：

```
> x < y
[1]  TRUE FALSE  TRUE FALSE FALSE  TRUE
```

共有幾個呢？可以使用下列指令：

```
> sum(x < y)
[1] 3
> table(x < y)
FALSE   TRUE
    3      3
```

那麼是那些 x_i 呢？可以使用下列指令：

```
> x[x < y]
[1] 1.2 5.7 3.0
```

如果在關係運算中其運算元的資料類別為 numeric 時，則必須要非常的小心。請注意下列範例：

```
> x <- 0.5 - 0.3
> y <- 0.3 - 0.1
> x
[1] 0.2
> y
[1] 0.2
> x == y
[1] FALSE
```

這是因為浮點數值在電腦上的表示方式是有誤差的。我們將此例中 x 和 y 變數的小數點之後前 20 位數字顯示如下，即可知兩者是不相等的。

```
> sprintf("%.20f", x)
[1] "0.20000000000000001110"
> sprintf("%.20f", y)
[1] "0.19999999999999998335"
```

在此應使用 all.equal() 或僅比較有限位數：

```
> all.equal(x, y)   # near equality
[1] TRUE
> identical(all.equal(x, y), TRUE)
[1] TRUE
> round(x, 10) == round(y, 10)
[1] TRUE
```

讀者請自行測試下列結果：

```
> a <- 1:10 / 16
> a
 [1] 0.0625 0.1250 0.1875 0.2500 0.3125 0.3750 0.4375
 [8] 0.5000 0.5625 0.6250
```

```
> sprintf("%.20f",a)
 [1] "0.06250000000000000000" "0.12500000000000000000"
 [3] "0.18750000000000000000" "0.25000000000000000000"
 [5] "0.31250000000000000000" "0.37500000000000000000"
 [7] "0.43750000000000000000" "0.50000000000000000000"
 [9] "0.56250000000000000000" "0.62500000000000000000"

> a <- 1:10 / 10
> a
 [1] 0.1 0.2 0.3 0.4 0.5 0.6 0.7 0.8 0.9 1.0
> sprintf("%.20f",a)
 [1] "0.10000000000000000555" "0.20000000000000001110"
 [3] "0.29999999999999998890" "0.40000000000000002220"
 [5] "0.50000000000000000000" "0.59999999999999997780"
 [7] "0.69999999999999995559" "0.80000000000000004441"
 [9] "0.90000000000000002220" "1.00000000000000000000"
```

條件分支函數 if/else 的基本語法為

```
if (logical conditions) {
    statements
}
```

或

```
if (logical conditions) {
    statements_1
} else {
    statements_2
}
```

給定 logical conditions 之運算結果會先轉換成邏輯向量並僅取出第一分量,若運算結果為 TRUE 時,則執行 statements_1,反之則執行 statements_2。更複雜一些的指令如下:

```
if (logical conditions_1) {
    statements_1
} else if (logical conditions_2) {
    statements_2
} else {
    statements_3
}
```

若 logical conditions_1 為 TRUE 時，則執行 statements_1；若 logical conditions_1 為 FALSE 時，則再檢視 logical conditions_2。若 logical conditions_2 為 TRUE 時，則執行 statements_2；否則執行 statements_3。

例題 3.2.1 ▶▶▶ 若 x 是"beautiful"，則將 y 加上 3，否則 y 的值不變。我們可以使用下面的指令來執行：

```
> x <- "handsome"
> y <- 2
> if (x == "beautiful") { y <- y + 3 }
> y
[1] 2
```

例題 3.2.2 ▶▶▶ 底下的指令可以產生與 min(x, y)(取最小值)同樣之功能：

```
> x <- 2.5; y <- 4.7

> if (x < y) {
+    z <- x
+} else {
+    z <- y
+}
> z
[1] 2.5

> min(x, y)
[1] 2.5
```

另一相關之函數為 ifelse()。其語法為

> ifelse (logical conditions, value.true if TRUE, value.false if FALSE)

當給定邏輯條件滿足時，函數的輸出值為 value.true，否則為 value.false。

例題 3.2.3 ▶▶▶ 底下的指令可以產生與 abs() (取絕對值) 同樣之功能：

```
> x <- -1.5
> ifelse(x > 0, x, -x)
[1] 1.5

> abs(x)
[1] 1.5
```

例題 3.2.4 ▶▶▶ 假設 x, y 皆為向量且 c_1, c_2 皆為實數。我們想求一個新的向量z，其中當 $c_1 < c_2$ 時，$z = x$，否則 $z = y$。我們試著用以下的指令來執行模擬：

```
> x <- c(1.2, -3.4, 5.7)
> y <- c(0, 1, 2)

> c1 <- 1
> c2 <- 2

> z <- ifelse(c1 < c2, x, y)
> z
[1] 1.2
```

顯然這個答案是錯誤的！正確的寫法是：

```
> ifelse(rep(c1 < c2, 3), x, y)
[1]  1.2 -3.4  5.7
```

但這不是一個好的寫法。更好的寫法是：

```
> if (c1 < c2) {
+    z <- x
+} else {
+    z <- y
+}
```

雖然程式長了一些，但容易明瞭，也不容易犯錯。

函數 switch() 是一種多重分支結構，其語法為：

switch(expression, statement_1, statement_2, statement_3, ...)

其中 expression 的值可以是文字或整數。若 expression 的值是整數且其值等於 1，則會執行 statement_1 並傳回其執行結果；若 expression 的值等於 2，則會執行 statement_2 並傳回其執行結果，依此類推。如果 expression 的值小於 1 或大於 statement 的個數則沒有結果傳回或傳回 NULL。比方說：

```
> x <- 3
> switch(x, 2 + 2, mean(1:10), 1:5)
[1] 1 2 3 4 5
```

因為 expression 的值等於 3，所以 switch() 執行第 3 個 statement。另舉一例：

```
> switch(6, 2 + 2, mean(1:10), 1:5)
```

因為 expression 的值等於 6，而在此例中只有 3 個 statement，並無 statement 可供執行，所以無結果傳回或傳回 NULL。

如果 expression 的值是文字，那麼在函數 switch() 中的每一個 statement 也必須以文字命名。若有一個 statement 的名稱和 expression 的文字值相同，則這個 statement 將被執行並傳回其執行結果。若沒有一個 statement 的名稱和 expression 的文字值相同，則會執行沒有命名的那個 statement (沒有命名的

statement 即為設計者預設的 statement) 並傳回其執行結果。如果設計者沒有設定預設的 statement，則無結果傳回或傳回 NULL。比方說：

```
> y <- "fruit"
> switch(y, fruit = "banana", vegetable = "broccoli")
[1] "banana"
```

因為 y 的文字值是 "fruit"，與第一個 statement 名稱相同，所以執行第一個 statement。另舉一例：

```
> y <- "meat"
> switch(y, fruit = "banana", "Neither")
[1] "Neither"
```

因為 y 的文字值是 "meat"，在此例中並沒有 statement 的名稱和它相同，但此例中有一個預設的 statement，所以函數 switch() 會執行此預設的 statement。

下面是採用函數 switch() 文字名稱用法設計的常用例子，讀者可以自行解讀看看：

```
> centre <- function(x, type) {
+    switch(type,
+        mean = mean(x),
+        median = median(x),
+        trimmed.mean = mean(x, trim = 0.1))
+ }

> set.seed(1)
> x <- rcauchy(10)
> centre(x, "mean")
[1] -0.4844658
> centre(x, "median")
[1] -0.236111
> centre(x, "trimmed.mean")
[1] -0.3632328
```

3.3 迴圈

R 語言提供三種迴圈指令,即 for(), while() 和 repeat()。基本上,R 絕大部分的運算都是向量運算。假設 a 和 b 為已知向量,要求得其向量和只須寫成 c <- a + b 即可,並不需要像 C 語言那樣,必須使用迴圈才能求得 c 向量。在撰寫 R 程式時應儘量避免使用迴圈,原因是太多的迴圈會使程式執行速度變慢許多。R 同時也提供 next() 和 break() 兩個額外的控制方式:break() 可以從迴圈內層跳出至上一層,next() 將會回到迴圈開頭指令。迴圈函數 for() 的語法為

```
for (index in index.set) {
    statements
}
```

例題 3.3.1 ▶▶▶ 假設一個序列是由下列的遞迴公式所產生:

$$x_{k+1} = 4x_k\left(1 - x_k\right),\ k = 1, 2, \ldots,\ x_1 = 0.2.$$

假設我們想計算頭 5 項。這可由底下的指令來完成:

```
> x <- 0.2
> for (k in 2:5) { x[k] <- 4 * x[k-1] * (1 - x[k-1]) }

> round(x, 4)
[1] 0.2000 0.6400 0.9216 0.2890 0.8219
```

例題 3.3.2 ▶▶▶ 假設給定一個長度為 10 之向量,我們想計算奇數項之和與偶數項之和的差。比方說 x 是 1 到 10 的數字所組成之向量。我們可用下列之指令來求得結果:

```
> x <- 1:10
> odd <- seq(from = 1, to = 9, by = 2)
> even <- seq(from = 2, to = 10, by = 2)

> odd.sum <- even.sum <- 0
```

```
> for(i in odd) { odd.sum <- odd.sum + x[i] }
> for(j in even) { even.sum <- even.sum + x[j] }

> odd.sum - even.sum
[1] -5
```

這個結果也可由下面簡單的指令求得：

```
> sum(x[odd]) - sum(x[even])
[1] -5
```

再來我們介紹 while() 函數，這也是一個條件式迴圈 (conditional loop)。其語法為

```
while (logical conditions) {
        statements
    }
```

當給定邏輯條件滿足時，while() 迴圈內之指令會被一直執行，直到邏輯條件不滿足為止。因此 while() 迴圈內之指令可能不只被執行一次。

例題 3.3.3 ▶▶▶ 假設下列數字是一些芳晴小姐想要依序購買商品的價格：

```
> x <- c(1.2, 3.4, 2.1, 4.3, 3.2, 5.5, 6.7)
```

但芳晴小姐身上只有 12 元，請問她可以買到幾樣商品？我們可以使用下面的指令來執行：

```
> total <- x[1]
> count <- 0
> while (total <= 12) {
+   count <- count + 1
+   total <- total + x[count + 1]
+}
```

```
> count
[1] 4
```

這個結果也可由下面簡單的指令求得：

```
> y <- cumsum(x)
> sum(y < 12)
[1] 4
```

　　雖然上面這些例題都十分簡單，但這些例題只是用來說明 for() 及 while() 等迴圈之相關函數如何使用而已。在往後的章節中我們會看到更多這些函數的應用。事實上適當地應用 if(), for(), 及 while() 等函數就已經可以寫出很好的程式了。

　　另外有一個函數 repeat() 可以產生迴圈。其語法為

```
repeat {
    statements
}
```

在 repeat 迴圈內之指令會被一直執行。因此為了不要造成無止境的迴圈，在 repeat 迴圈內通常會含有如下之中止指令：

```
if (logical conditions) break
```

當給定邏輯條件滿足時，程式立即會跳出 repeat 迴圈。

　　另外，stop() 會立即終止整個程式之執行。比方說我們可以使用如下之指令：

```
stop("error: The denominator is zero!")
```

來提示我們程式中發生了除以 0 的情形，因此程式必須終止。

　　一個長度為 0 的向量有什麼用呢？有時一個向量之長度無法事先知道，直到程式終止時才能完全確定。這種情況常發生於迴圈內之物件。比方說，我們

要搜集一序列 value 之數值並儲存於向量 value.seq 中，但我們事先並不知道會有幾個 value 之值出現。因此我們先令

```
value.seq <- numeric()
```

或

```
value.seq <- NULL
```

每當有 value 之值出現時(包括第一次出現)，則我們使用下列之指令：

```
value.seq <- c(value.seq, value)
```

將新的 value 之數值接在 value.seq 之最後。到整個程式終止時，value.seq 已正確地將所有 value 出現之數值搜集完畢。

3.4 習題

【習題 3.4.1】假設

```
x <- c(-1.2, 3.4, 5.7, -5, 0, 2)
y <- c(-2.2, 4.4, -6.6, 8.8, 0, -3.3)
```

(1) 在 x 中是那幾個、共有幾個、及那些數字大於或等於 2？

(2) 在 x 中是那幾個、共有幾個、及那些數字滿足 $x_i < y_i$？

【習題 3.4.2】令

```
x <- c(-1, -3, -5, -7, -9, 11, 13, 15, 2, 4, 6, 8, 10, 12, -
14, -16)
y <- c(1, -2, 3, -4, 5, -6, 7, -8, 9, -10, -11 ,12, 13, 14,
-15, 16)
```

執行下列指令：

(1)　m <- as.integer(x <= 0); n <- as.integer(y >= 0)

(2)　sum(m); sum(n)

(3)　x[m]; y[n]

(4)　sum(x > y)

(5)　table(x > y)

(6)　x[x > y]

(7)　!m; m & n; m | n

(8)　any(-3 < x & x < 3); all(-16 < x & x < 16)

(9)　which((x >= 1) & (x <= 11)); x[which((x >= 1) & (x <= 11))]

【習題 3.4.3】下表是修習「R 程式設計」這門科目的 10 位同學期中考試的成績：

1	2	3	4	5	6	7	8	9	10
92	74	85	60	45	83	66	78	95	55

寫一程式求出每一位同學的評語：60 以下為 bad，60~89 為 good，90~100 為 excellent。(1) 使用 if/else 設計；(2) 使用 which() 設計；(3) 使用 switch() 設計。

【習題 3.4.4】設計一程式可以從鍵盤輸入任一非零的整數。假如輸入之整數為偶數，則從螢幕輸出「This integer is an even number.」；若輸入之整數為奇數，則從螢幕輸出「This integer is an odd number.」；如此不斷一直到輸入 0 為止。

【習題 3.4.5】令

a <- 30

b <- 70

c <- 100

執行下列指令：

(1) c > 1000

(2) c <= a + b

(3) a * b / c < c / a * b

(4) (b * b * 50 / c >= a * a / b) && (c * c / a > b * b)

(5) (c == a * b / 10) || b

(6) (b < (a + b) / b) == c * 3

(7) (a & 20) - 9 && c / 15

(8) a * b * c / 200 != a + b + c

【習題 3.4.6】設計一程式，求 200 到 1000 之間 (a) 3 的倍數有幾個；(b) 7 的倍數有幾個；(c) 是 3 或 7 的倍數但不是 21 的倍數有幾個。

(1) 使用 while() 函數設計。

(2) 使用 for() 函數設計。

chapter
4

函數

R 程式語言是非常有用的數據分析工具，程式的撰寫大都使用函數 (function) 呼叫方式，非常方便。R 系統內建很多的函數，即所謂的副程式。由於 R 是自由軟體，全球用戶都可以根據既定的格式提供各式各樣的函數供大眾使用。因此各種不同需求的使用者都可以非常快速地找到自己所需要的函數，而且使用者也可以自行編寫函數。大多數函數用來產生一個數值，但也可以用來產生其他的結果，例如繪圖和列印。

內建或已定義的函數可以直接呼叫使用，呼叫時通常需要傳入一些參數。要確切明瞭某個函數中參數的定義可以使用 help() 功能函數「?」來得到。例如要知道如何使用 array() 來定義一個陣列的方法，只要輸入下列指令：

```
> ?array
```

此時系統會開啟一個網頁說明該函數所有的輸入、輸出以及其他細節。比方說

```
array(data = NA, dim = length(data), dimnames = NULL)
```

即說明了該函數的參數有三個。第一個參數為陣列內容的資料，呼叫時若沒有給這個參數，則預設值為 NA。第二個參數是維度，為陣列的一個屬性，呼叫時若沒有給這個參數，則預設值為 data 這個向量的長度。第三個參數是維度名稱，為陣列的另一個屬性。呼叫函數時可以按照順序給參數，若有給標籤則可以不按照順序。以下舉一些實例來說明：

```
> array(1:12)
 [1]  1  2  3  4  5  6  7  8  9 10 11 12

> array(, c(3, 4))
     [,1] [,2] [,3] [,4]
[1,]   NA   NA   NA   NA
[2,]   NA   NA   NA   NA
[3,]   NA   NA   NA   NA

> array(1:12, c(3, 4))
     [,1] [,2] [,3] [,4]
[1,]    1    4    7   10
[2,]    2    5    8   11
[3,]    3    6    9   12

> array(dim = c(3, 4), data = 1:12)
     [,1] [,2] [,3] [,4]
[1,]    1    4    7   10
[2,]    2    5    8   11
[3,]    3    6    9   12
```

使用者可以使用 args() 來列出函數的參數：

```
> args(array)
function (data = NA, dim = length(data), dimnames = NULL)
```

4.1 常用函數

首先來介紹一些常用函數，舉例說明如下：

```
> x <- c(1, 8, 5, 2, 3, 1)
> x
[1] 1 8 5 2 3 1

> length(x)             # 向量的長度
[1] 6
```

```
> diff(x)              # 後一分量值減前一分量值(最後一個分量不計算)
[1]  7 -3 -3  1 -2

> sum(x)               # 分量總和
[1] 20

> prod(x)              # 分量相乘
[1] 240

> max(x)               # 最大分量值
[1] 8

> min(x)               # 最小分量值
[1] 1

> which.max(x)         # 最大分量值位置的第一個指標
[1] 2

> which.min(x)         # 最小分量值位置的第一個指標
[1] 1

> range(x)             # 同 c(min(x),max(x))
[1] 1 8

> round(x * pi, 2)     # 四捨五入至小數點第 2 位
[1]   3.14 25.13 15.71   6.28   9.42   3.14

> cumsum(x)            # 分量累積和
[1]   1   9 14 16 19 20

> cumprod(x)           # 分量累乘積
[1]   1   8  40  80 240 240

> unique(x)            # 去除重複的分量
[1] 1 8 5 2 3

> mean(x)              # 分量平均值
```

```
[1] 3.333333

> median(x)              # 分量中值
[1] 2.5

> var(x)                 # 變異數
[1] 7.466667

> sd(x)                  # 標準差
[1] 2.73252

> summary(x)             # 描述性統計值,包括分位數 (quantile)
   Min. 1st Qu.  Median    Mean 3rd Qu.    Max.
  1.000   1.250   2.500   3.333   4.500   8.000
```

　　一群數字的排序在程式設計中是經常有的動作。sort(), rank(), order() 是三個很有用的排序指令。請注意它們之間的差別。假設我們給定一個向量:

```
> x <- c(1.2, -3.4, 5.7, -6, 0, 3)
> x
[1]  1.2 -3.4  5.7 -6.0  0.0  3.0
```

則

```
> sort(x)
[1] -6.0 -3.4  0.0  1.2  3.0  5.7

> rank(x)
[1] 4 2 6 1 3 5

> order(x)
[1] 4 2 5 1 6 3
```

由上可知:sort() 是將給定的數字由小排到大;rank() 是該數字 x_i 由小排到大是在第幾位 (即排名),比方說 $x_1 = 1.2$ 是排在第 4 位;而 order() 則是將排序後

原數列之指標找出。比方說，排在第 3 位的數字是原數列第 5 個位置的數字，
即 $x_5 = 0$。由此可知底下的這個指令：

```
> x[order(x)]
[1] -6.0 -3.4  0.0  1.2  3.0  5.7
```

與 sort(x) 是相同的。同理底下兩個指令所得之結果是一樣的：

```
> order(x)[3]
[1] 5

> which(rank(x) == 3)
[1] 5
```

同樣地，底下兩個指令所得之結果是一樣的：

```
> sort(x)[3]
[1] 0

> x[order(x)[3]]
[1] 0
```

若要將 x 向量的數字由大排到小，則可使用如下的指令：

```
> sort(x, decreasing = TRUE)
[1]  5.7  3.0  1.2  0.0 -3.4 -6.0

> rev(sort(x))
[1]  5.7  3.0  1.2  0.0 -3.4 -6.0

> rev(rank(x))
[1] 5 3 1 6 2 4

> order(x, decreasing = TRUE)
[1] 3 6 1 5 2 4

> rev(order(x))
[1] 3 6 1 5 2 4
```

當在一群數字中有某些數字不只出現一次時，則在排序時會出現平手 (ties) 的狀況；此時 rank() 分配排序順位 (即排名) 的方法有好幾種。例如：

```
> x <- c(2.5, 2.5, 2.5, 2.5, 2.3, 4.7, -2.2, 4.6, 4.6)
> x
[1]  2.5  2.5  2.5  2.5  2.3  4.7 -2.2  4.6  4.6

> sort(x)
[1] -2.2  2.3  2.5  2.5  2.5  2.5  4.6  4.6  4.7
```

在此例中，2.5 這個數字在由小排到大所佔的順位為 3, 4, 5, 6。

(1) 若令 ties.method = "average"，則 rank() 會將其平均值

$$(3 + 4 + 5 + 6) / 4 = 4.5$$

放至 4 個 2.5 所占之位置：

```
> rank(x, ties.method = "average")
[1] 4.5 4.5 4.5 4.5 2.0 9.0 1.0 7.5 7.5
```

(2) 若 ties.method = "first"，則 rank() 會將 3, 4, 5, 6 按原數列 2.5 出現的先後次序放入：

```
> rank(x, ties.method = "first")
[1] 3 4 5 6 2 9 1 7 8
```

(3) 若 ties.method = "random"，則 rank() 會將 3, 4, 5, 6 隨機放入 2.5 出現的位置：

```
> rank(x, ties.method = "random")
[1] 6 4 5 3 2 9 1 8 7
```

(4) 若 ties.method = "max"，則 rank() 會將 3, 4, 5, 6 中之最大值 (即 6) 放入 2.5 出現的位置：

```
> rank(x, ties.method = "max")
[1] 6 6 6 6 2 9 1 8 8
```

(5) 若 ties.method = "min"，則 rank() 會將 3, 4, 5, 6 中之最小值 (即 3) 放入 2.5 出現的位置：

```
> rank(x, ties.method = "min")
[1] 3 3 3 3 2 9 1 7 7
```

若不指定 ties.method，則內定方法是 ties.method = "average"：

```
> rank(x)
[1] 4.5 4.5 4.5 4.5 2.0 9.0 1.0 7.5 7.5
```

4.2 矩陣運算函數

在撰寫 R 程式時應儘量使用內建函數，並避免使用迴圈，以免程式執行速度變慢許多。

在一個陣列 (包括矩陣及資料框) 的運算中有兩個十分有用的內建函數 apply() 及 sweep()。首先介紹 apply()，其語法為

apply(X, MARGIN, FUN, ...)

其中 X 是一個陣列，FUN 是欲使用之函數。若 X 是一個二維之陣列，MARGIN = 1 代表 FUN 將依列使用 (by row)，MARGIN = 2 代表 FUN 將依行使用 (by column)。說得更明確些，若 X 是一個 $m \times n$ 的矩陣，則

apply(X, MARGIN = 1, FUN = sum)

是對第一個以外的指標作累加的動作，即

$$\sum_{j=1}^{n} x_{ij} \, , \ i = 1, ..., m \, ,$$

而

```
apply(X, MARGIN = 2, FUN = sum)
```

是對第二個以外的指標作累加的動作，即

$$\sum_{i=1}^{m} x_{ij} \, , \ j = 1, ..., n \, .$$

例題 4.2.1 ▶▶▶ 給定一個矩陣：

```
> A <- matrix(1:12, nrow = 4, ncol = 3)
> A
     [,1] [,2] [,3]
[1,]    1    5    9
[2,]    2    6   10
[3,]    3    7   11
[4,]    4    8   12
```

若要求每列的平均值 (row mean) 可以使用下列的指令：

```
> apply(A, MARGIN = 1, FUN = mean)
[1] 5 6 7 8
```

若要求每行的和 (column sum) 可以使用下列的指令：

```
> apply(A, MARGIN = 2, FUN = sum)
[1] 10 26 42
```

我們也可以不用內建之函數而自己定義一個想要的函數。比方說，若我們要求每列的變異係數 (coefficient of variation, CV)，即樣本標準差 (sample standard deviation) 與樣本平均數 (sample mean) 之比值，則可以使用下列的指令：

```
> apply(A, MARGIN = 1, FUN = function(x) sd(x) / mean(x))
[1] 0.8000000 0.6666667 0.5714286 0.5000000
```

假設我們想在第一行及第二行求出每列之平均值，同時也想要在第二行及第三行求出每列之和。我們可以使用下列的指令：

```
> func <- function(x, c1, c2) c(mean(x[c1]), sum(x[c2]))

> apply(A, MARGIN = 1, FUN = func, c1 = c(1, 2),
+    c2 = c(2, 3))
     [,1] [,2] [,3] [,4]
[1,]    3    4    5    6
[2,]   14   16   18   20
```

同理，若 X 是一個 $m \times n \times p$ 的三維陣列，則

> apply(X, MARGIN = 1, FUN = sum)

是對第一個以外的指標作累加的動作，即

$$\sum_{j=1}^{n} \sum_{k=1}^{p} x_{ijk} \,, \ i = 1, ..., m \,,$$

而

> apply(X, MARGIN = c(1, 2), FUN = sum)

是對第一個及第二個以外的指標作累加的動作，即

$$\sum_{k=1}^{p} x_{ijk}, \ i = 1, ..., m, \ j = 1, ..., n.$$

例題 4.2.2 ▶▶▶ 給定一個三維陣列：

```
> A <- array(1:24, dim = c(4, 3, 2))
> A

, , 1

     [,1] [,2] [,3]
[1,]    1    5    9
[2,]    2    6   10
[3,]    3    7   11
[4,]    4    8   12

, , 2

     [,1] [,2] [,3]
[1,]   13   17   21
[2,]   14   18   22
[3,]   15   19   23
[4,]   16   20   24

> apply(A, MARGIN = 1, FUN = sum)
[1] 66 72 78 84

> apply(A, MARGIN = c(1, 2), FUN = sum)
     [,1] [,2] [,3]
[1,]   14   22   30
[2,]   16   24   32
[3,]   18   26   34
[4,]   20   28   36
```

接下來我們介紹另一個有用的內建函數 sweep()。其語法為

> sweep(X, MARGIN, STATS, FUN, ...)

其中 X 是一個陣列，FUN 是欲使用之函數，MARGIN 之定義與 apply() 中相同，而 STATS 是 FUN 函數的另一個運算元，舉例如下。

例題 4.2.3 ▶▶▶ 給定一個矩陣：

```
> A <- matrix(1:12, nrow = 4, ncol = 3)
> A
     [,1] [,2] [,3]
[1,]    1    5    9
[2,]    2    6   10
[3,]    3    7   11
[4,]    4    8   12
```

假設我們想將第一行至第三行之數字分別依行加上 1, 2, 3，則我們可以使用下列的指令：

```
> sweep(A, MARGIN = 2, STATS = 1:3, FUN = "+")
[1,]    2    7   12
[2,]    3    8   13
[3,]    4    9   14
[4,]    5   10   15
```

假設我們想將每行之數字減去自己這行的樣本平均數。首先求出各行之樣本平均數：

```
> u <- apply(A, MARGIN = 2, FUN = mean)
> u
[1]  2.5  6.5 10.5
```

再將每行之數字減去自己這行的樣本平均數:

```
> w <- sweep(A, MARGIN = 2, STATS = u, FUN = "-")
> w
     [,1] [,2] [,3]
[1,] -1.5 -1.5 -1.5
[2,] -0.5 -0.5 -0.5
[3,]  0.5  0.5  0.5
[4,]  1.5  1.5  1.5
```

例題 4.2.4 ▶▶▶ 給定一個數字向量,若先將其每個分量減去樣本平均數,再除以樣本標準差,這樣的程序稱為標準化程序 (standardization);如此得到之向量稱為標準化向量 (standardized vector)。請注意標準化向量是一個沒有單位或尺度的向量。標準化是許多資料分析常用的一種手段,它可以提供不同單位或尺度的向量間一個共同的比較基準。有個內建函數 scale() 可以直接提供標準化程序,但也可以使用幾個簡單指令以自訂函數方式來建構 (有關自訂函數在第 4.3 節會有更進一步的介紹):

```
> func <- function(x) {
+   u <- apply(x, MARGIN = 2, FUN = mean)
+   v <- apply(x, MARGIN = 2, FUN = sd)
+   w <- sweep(x, MARGIN = 2, STATS = u, FUN = "-")
+   z <- sweep(w, MARGIN = 2, STATS = v, FUN = "/")
+   return(z)
+}
```

在此自訂函數中 x 是輸入而 z 是輸出。舉例來測試:

```
> A <- matrix(1:12, nrow = 4, ncol = 3)

> func(A)
            [,1]         [,2]         [,3]
[1,] -1.1618950  -1.1618950  -1.1618950
[2,] -0.3872983  -0.3872983  -0.3872983
[3,]  0.3872983   0.3872983   0.3872983
[4,]  1.1618950   1.1618950   1.1618950
```

```
> scale(A)
           [,1]         [,2]          [,3]
[1,] -1.1618950 -1.1618950 -1.1618950
[2,] -0.3872983 -0.3872983 -0.3872983
[3,]  0.3872983  0.3872983  0.3872983
[4,]  1.1618950  1.1618950  1.1618950

> attr(,"scaled:center")
[1]  2.5  6.5 10.5

> attr(,"scaled:scale")
[1] 1.290994 1.290994 1.290994
```

請注意 center 是代表各行之樣本平均數 (sample mean)，而 scale 是代表各行之
樣本標準差 (sample standard deviation)。

接下來我們介紹三個有用的函數，即 tapply(), sapply(), lapply()。考慮
CO2{datasets} 這個資料集，是禾本科植物對二氧化碳之攝取的數據。我們先
將其載入：

```
> data(CO2)
```

由下列指令可看一下簡要的內容：

```
> str(CO2)
```

這是一個資料框，共有 5 個變量及 84 筆量測數據，其中 "Plant" 為植物之識
別碼(共 12 株植物)，"Type" 為植物品種發源地(共兩種)、"Treatment" 為處
理方式(共兩種)、"conc" 為周遭的二氧化碳濃度、"uptake" 為二氧化碳之攝
取量。

假設我們想知道不同品種發源地之二氧化碳攝取量之平均值，可使用下列的指令：

```
> with(CO2, tapply(uptake, INDEX = Type, FUN = mean))
     Quebec Mississippi
   33.54286    20.88333
```

假設我們想知道不同處理方式之二氧化碳攝取量的平均值，可使用下列的指令：

```
> with(CO2, tapply(uptake, INDEX = Treatment, FUN = mean))
nonchilled    chilled
  30.64286    23.78333
```

假設我們想知道不同品種發源地及不同處理方式下之二氧化碳攝取量的平均值，可使用下列的指令：

```
> with(CO2, tapply(uptake, INDEX = list(Type, Treatment),
+    FUN = mean))
             nonchilled   chilled
Quebec          35.33333 31.75238
Mississippi     25.95238 15.81429
```

若我們想要分別計算二氧化碳濃度與攝取量之平均值，可以使用下列的三個指令來得到相同的結果：

```
> apply(CO2[, 4:5], MARGIN = 2, FUN = mean)
    conc    uptake
435.0000   27.2131

> sapply(CO2[, 4:5], FUN = mean)
    conc    uptake
435.0000   27.2131

> lapply(CO2[, 4:5], FUN = mean)
$conc
```

```
[1] 435

$uptake
[1] 27.2131
```

請特別注意由 lapply() 回傳之物件為列表 (list)，而不是向量。

假如 x 是一個列表 (list)：

```
> x <- list(a = 1:3, beta = log(c(5, 6, 7)),
+   logic = c(TRUE, FALSE, FALSE, TRUE))
> x

$a
[1] 1 2 3

$beta
[1] 1.609438 1.791759 1.945910

$logic
[1]  TRUE FALSE FALSE  TRUE
```

若要計算各個分量的中數 (先不管有沒有意義)，可以使用下列的指令：

```
> sapply(x, FUN = median)

       a      beta     logic
2.000000 1.791759 0.500000
```

或

```
> lapply(x, FUN = median)

$a
[1] 2

$beta
```

```
[1] 1.791759

$logic
[1] 0.5
```

4.3 使用者自訂函數

定義一個函數 myfunc() 的基本語法如下：

```
myfunc <- function(arg1, arg2, ...) {
    statements
    return(objects)
}
```

其中 function 為定義一個函數的關鍵字。通常函數會接收若干個參數 (或稱為引數, arguments)，經過運算之後會傳回一個物件。參數與參數之間以逗號分開。參數可以是 "name" 或是 "name = expression"，其中 expression 為預設值。大括號內部的 statements 即為函數的運算主體，return 則指定所要傳回的物件。需特別注意的是，函數內部所使用的變數皆屬局部變數，和大括號外面的程式碼無關。

例題 4.3.1 ▶▶▶ 定義如下之函數：

$$f(x) = 0.01 \cdot x^3 \cos(x) - 0.2 \cdot x^2 \sin(x) + 0.05 \cdot x - 1.$$

欲建構此函數可以使用下列的簡單指令：

```
> f <- function(x)    0.01 * x^3 * cos(x) - 0.2 * x^2 *
+           sin(x) + 0.05 * x - 1
```

在建構好這個函數 f 後，我們就可以使用這個函數來計算 $f(x)$ 了：

```
> f(-5)
[1] -6.399199

> f(0)
[1] -1

> f(5)
[1] 4.399199
```

若我們想一次算出這三個值，則可用如下之指令：

```
> f(c(-5, 0, 5))
[1] -6.399199 -1.000000  4.399199
```

請注意函數 f 之類別為 "function"：

```
> class(f)
[1] "function"
```

妙的是我們一樣可以把函數 f 像數字一般地指定給另一個函數 g：

```
> g <- f
> g(c(-5, 0, 5))
[1] -6.399199 -1.000000  4.399199
```

例題 4.3.2 ▶▶▶ 假如我們定義一截尾餘弦函數 (truncated cosine function) 如下：

$$f(x) = \begin{cases} \cos(x), & -1 \le x \le 1, \\ 0, & otherwise. \end{cases}$$

吾人可使用如下指令來建構此函數：

```
> f <- function(x) ifelse((-1 <= x) & (x <= 1), cos(x), 0)
```

或

```
> f <- function(x) cos(x) * ((-1 <= x) & (x <= 1))
```

在建構好這個函數 f 後，我們就可以使用這個函數來計算 $f(x)$ 了：

```
> f(c(-2, 0, pi / 4, pi))
[1] 0.0000000 1.0000000 0.7071068 0.0000000
```

例題 4.3.3 ▶▶▶ 假如我們定義如下之多變數函數：

$$f(x_1, x_2, x_3) = 3x_1 - 4x_2 + x_1 x_3.$$

我們可以使用下列的簡單指令來建構此函數：

```
> f <- function(x) 3 * x[1] - 4 * x[2] + x[1] * x[3]
```

在建構好這個函數 f 後，我們就可以使用這個函數來計算 $f(x_1, x_2, x_3)$ 了：

```
> f(c(0, 0, 0))
[1] 0

> f(c(1, -1, 1))
[1] 8
```

例題 4.3.4 ▶▶▶ 定義如下的符號函數 (sign function)：

$$\text{sgn}(x) = \begin{cases} -1, & x < 0, \\ 0, & x = 0, \\ 1, & x > 0. \end{cases}$$

當然這個簡單的函數在 R 程式中有個內建的函數 sign() 可直接應用：

```
> sign(c(2, -2, 0))
[1]  1 -1  0
```

倘若我們使用如下之程式碼來實現此函數：

```
> sgn <- function(x) {
+    if (x < 0) {
+        value <- -1
+    } else if (x == 0) {
+        value <- 0
+    } else {
+        value <- 1
+    }
+    return(value)
+}
```

在上述程式碼的第一列為函數宣告，其中 x 是輸入變數。此函數將 value 之數值回傳。我們可驗證上述程式碼之正確性如下：

```
> sgn(2)
[1] 1
> sgn(-2)
[1] -1
> sgn(0)
[1] 0
```

但如下之指令：

```
> sgn(c(2, -2, 0))
```

卻會出現如下之警告訊息 (warning messages)：

```
Warning messages:
1: In if (x < 0) { :
   the condition has length > 1 and only the first
   element will be used
2: In if (x == 0) { :
   the condition has length > 1 and only the first
   element will be used
```

主要的原因是我們定義的程式碼並未向量化 (vectorized)。我們定義新的程式碼：

```
> sgn.vec <- function(x) {
+   n <- length(x)
+   value <- integer(n)
+   for (i in 1:n) {
+       if (x[i] < 0) {
+           value[i] <- -1
+       } else if (x[i] == 0) {
+           value[i] <- 0
+       } else {
+           value[i] <- 1
+       }
+   }
+   return(value)
+}
```

再測試一次：

```
> sgn.vec(c(2, -2, 0))
[1]  1 -1  0
```

這個結果是正確的。一個更簡潔的方法是定義

```
> f <- function(x) ifelse(x < 0 , -1, ifelse(x > 0, 1, 0))
```

再測試一次：

```
> f(c(2, -2, 0))
[1]  1 -1  0
```

例題 4.3.5 ▶▶▶ 假設給定一些實數 (不管是一維的向量或是二維之矩陣)，我們欲將其中之每個數字乘以 2 倍再加上其絕對值。我們可使用如下之指令來建構此函數：

```
> f <- function(x) 2 * x + abs(x)
```

接著來試試執行此函數所得之一些結果：

```
> x <- c(1, 3, 2, 4)
> x
[1] 1 3 2 4

> f(x)
[1]  3  9  6 12

> y <- matrix(1:6, nrow = 2, ncol = 3)
> y
     [,1] [,2] [,3]
[1,]    1    3    5
[2,]    2    4    6

> f(y)
     [,1] [,2] [,3]
[1,]    3    9   15
[2,]    6   12   18
```

例題 4.3.6 ▶▶▶ 常常一個函數之輸入變數可能不只一個。接著我們來撰寫一個截尾函數 (clipping function)，定義如下：

$$f(x; u, v) = \begin{cases} u, & x < u, \\ x, & u \le x \le v, \\ v, & x > v. \end{cases}$$

此函數可用如下之程式碼實現：

```
> clipping <- function(x, u, v) {
+   if (x > v) {
+       value <- v
+   } else if (x < u) {
+       value <- u
+   } else {
+       value <- x
+   }
+   return(value)
+}
```

我們可驗證上述程式碼之正確性如下：

```
> clipping(2, 1, 3)
[1] 2

> clipping(3, 0, 2)
[1] 2

> clipping(3, 5, 7)
[1] 5

> clipping(3, -Inf, 5)
[1] 3

> clipping(3, 2, Inf)
[1] 3
```

此函數也可用如下之程式碼實現：

```
> f <- function(x, u, v) ifelse(x < u, u,
+    ifelse(x > v, v, x))
```

例題 4.3.7 ▶▶▶ 我們想計算一個 Fibonacci 序列之前 n 項，其中 Fibonacci 序列定義為：

$$x_n = x_{n-1} + x_{n-2}, \; n = 3, 4, ..., \; x_1 = x_2 = 1.$$

此序列可用如下之函數程式碼來實現：

```
> Fib <- function(n) {
+    x <- numeric(n)
+    x[1] <- 1
+    x[2] <- 1
+    for (i in 3:n) x[i] <- x[i - 1] + x[i - 2]
+    return(x)
+}
```

執行如下：

```
> Fib(20)
 [1]    1    1    2    3    5    8   13   21   34   55
[11]   89  144  233  377  610  987 1597 2584 4181 6765
```

例題 4.3.8 ▶▶▶ 常常函數之輸出變數不只一個。假設我們想求一組數字之最大值及最小值，該如何以 R 程式撰寫呢？在此函數中，輸入變數為一組數字，而輸出變數為這組數字之最大值及最小值。此函數可用如下之程式碼實現：

```
> fun <- function(x) {
+    if (length(x) == 1) {
+        minimum <- x[1]; maximum <- x[1]
+    } else {
```

```
+        if (x[1] < x[2]) {
+            minimum <- x[1]; maximum <- x[2]
+        } else {
+            minimum <- x[2]; maximum <- x[1]
+        }
+        if (length(x) > 2) {
+            for (i in 3:length(x)) {
+                if (x[i] < minimum)  minimum <- x[i]
+                if (x[i] > maximum)  maximum <- x[i]
+            }
+        }
+    }
+    return(list(minimum = minimum, maximum = maximum))
+}
```

當然這個簡單的函數在 R 程式中有內建的函數可直接應用。我們可驗證上述
程式碼之正確性如下：

```
> x <- -2
> g <- fun(x)

> c(g$minimum, g$maximum)
[1] -2 -2

> c(min(x), max(x))
[1] -2 -2

> x <- c(-2, -5, -7, -9, 12, 17, -18)
> g <- fun(x)

> c(g$minimum, g$maximum)
[1] -18  17

> c(min(x), max(x))
[1] -18  17

> x <- NA
> g <- fun(x)
```

```
> c(g$minimum, g$maximum)
[1] NA NA

> c(min(x), max(x))
[1] NA NA
```

例題 4.3.9 ▶▶▶ 假設我們想要求出一個指數函數和一個餘弦函數之合成函數 (composition)，即

$$f(x) = \exp(-x),\ g(x) = \cos(x),$$
$$h(x) = (f \circ g)(x) = f(g(x)) = f(\cos(x)) = \exp(-\cos(x)).$$

我們可以使用以下之指令來建構這些函數：

```
> f <- function(x) exp(-x)
> g <- function(x) cos(x)
> h <- function(x) f(g(x))
```

假設我們想要求出一個餘弦函數之 2 次及 3 次之合成函數，即

$$f(x) = \cos(x),$$
$$g(x) = (f \circ f)(x) = f(f(x)),$$
$$h(x) = (f \circ f \circ f)(x) = (f \circ g)(x) = f(g(x)).$$

則可以使用以下之指令來建構這些函數：

```
> f <- function(x) cos(x)
> g <- function(x) f(f(x))
> h <- function(x) f(g(x))
```

例題 4.3.10 ▶▶▶ 假設某人定義某個函數的程式碼如下：

```
> f <- function(x, u = 2, v = 1, ...) u * x^2
+                    - v * x + w * cos(x)
```

請問這是什麼樣的函數？答案是：

$$f(x; u, v, w) = ux^2 - vx + w \cdot \cos(x),$$

其中 x 是函數之變數，而 u, v, w 是參數 (parameters)。在上面的程式碼中，u =
2 是說明若在呼叫 f 時並沒有提供 u 的數值，則 f 會使用 u = 2 之值，即 2 是
參數 u 的內定值 (default value)。由於在 f 之宣告中有 ...，這說明參數 w 是由
函數程式外部名為 w 者提供數值。因此若執行以下之指令，則會得到錯誤訊
息 (error messages)：

```
> f(2)
Error in f(2) : object 'w' not found
```

但若先定義 w 之值：

```
> w <- 1.5
```

則下面兩個指令皆可得到相同的答案：

```
> f(2)
[1] 5.37578

> f(2, 2, 1)
[1] 5.37578
```

很奇妙的是下面三個指令皆可得到相同的答案：

```
> f(2, 3, 2)
[1] 7.37578
```

```
> f(x = 2, u = 3, v = 2)
[1] 7.37578

> f(x = 2, v = 2, u = 3)
[1] 7.37578
```

這說明了 u = 3 及 v = 2 在呼叫 f 時並沒有寫法順序上的差別。

4.4 編譯函數

運算效能可依照不同切入角度與使用目的大致上可分為開發者效能 (programmer efficiency) 與計算效能 (computational efficiency) 兩種。當開發者希望能快速完成構想的呈現時,將著重於開發者效能;若考量程式執行速度與未來使用面,則將著重於計算效能。兩種效能特性比較如下:

(1) 開發者效能

▶ 使用較高階語言,如 R

▶ 重覆使用既有之函數

▶ 使用高階函數 (high-level function)

▶ 程式能執行為要務

(2) 計算效能

▶ 使用較低階語言,如 C/C++

▶ 自行撰寫函數

▶ 使用低階函數 (low-level function)

▶ 使用最佳化 (optimization)

由於 R 雖具有極佳開發者效能與強大的統計與繪圖功能,但是計算效能仍不能滿足部分使用者,所以本節將介紹幾種方法來提升計算效能。

首先我們介紹一些效能函數。為了提升計算效能，使用者可以使用一些效能函數來比較各版本之程式執行效率，以找出 CPU 與記憶體的效能瓶頸 (performance bottlenecks)，藉以針對耗時之程式碼加以改善。我們可以採取下列的方式進行改善：

▶ 使用 R 程式技巧

▶ 使用編譯器編譯 R 程式

▶ 使用外部語言 (C/C++ 或 Java)

例題 4.4.1 ▶▶▶ 我們可以使用效能函數 system.time() 測量程式執行時間。比方說我們要測量

```
for(i in 1:100) mad(runif(1000))
```

程式之執行時間。首先使用 set.seed() 函數來設定亂數產生器 (random number generator) 的起始點，或說是亂數產生器的狀態 (state)；再來利用 system.time() 測量程式執行時間：

```
> set.seed(1)
> system.time(for(i in 1:100) mad(runif(1000)))

   user  system elapsed
   0.02    0.00    0.02
```

在上面的輸出結果中，user time 是執行該程式碼所需要的 CPU 時間，system time 是代表系統為了本次執行所花的額外 CPU 時間，類似系統的 overhead，而 elapsed time 是指所有指令由執行開始到結束所經過的時間。

我們也可以使用效能函數 proc.time() 取代 system.time() 來測量程式執行時間：

```
> ptm <- proc.time()
> set.seed(1)
> for (i in 1:100) mad(runif(1000))
```

```
> proc.time() - ptm

   user   system  elapsed
   0.08     0.01     0.14
```

使用 proc.time() 函數，可以比較簡易地來估算執行時間，不需要將整個程式片段塞入 system.time() 這個函數之中。但是由於使用 proc.time() 函數須先記錄執行前時間點，再與執行後時間點來求出時間差作為執行時間，所以會包含部分非程式執行時間而產生之些微誤差。

其他效能函數包括：

1.　記錄記憶體使用量：Rprof()

2.　記憶體用量統計：summaryRprof()

3.　記憶體使用情況 (bytes)：memory.profile()

4.　資源回收 (garbage collection)：gc()

5.　物件大小：object.size()

例題 4.4.2 ▶▶▶ 假設 $x = (1, 2)$ 是一個陣列，我們可以使用 object.size() 讀取陣列 x 物件所需之位元大小：

```
> x <- c(1, 2)
> object.size(x)
40 bytes
```

接下來我們介紹一些提升效能之技巧與套件。於 R 編譯器中我們可以使用 compiler 套件的函數將 R 程式碼編譯以提升效能。編譯時以一整個函數為單位，編譯過的程式碼稱為 byte code，其呼叫方式和原函數完全相同。另外也可以藉由呼叫 C/C++ 或 Java 等程式語言來提升執行效能 (使用 C/C++ 與 Java 等語言輔助部分將於第九章說明)。compiler 套件於 R2.13 版時加入 byte code 編譯器，R 2.14 版時標準函數與套件皆編譯為 byte code。

例題 4.4.3 ▶▶▶ 在此例題 中,首先定義函數 old.lapply 並觀察其執行效能(請參閱compile {compiler} 之文件說明):

```
# old R version of lapply

> old.lapply <- function (X, FUN, ...) {
+   FUN <- match.fun(FUN)
+   if (!is.list(X)) X <- as.list(X)
+   rval <- vector("list", length(X))
+   for (i in seq(along = X)) rval[i] <-
+       list(FUN(X[[i]], ...))
+   names(rval) <- names(X)
+   return(rval)
+}

> system.time(old.lapply(1:2000000, is.null))

   user   system elapsed
   8.10    0.01    8.12
```

由以上結果可以觀察到未使用效能提升套件的最原始 R 程式,執行使用 8.12 個單位時間。使用 compiler 套件之 cmpfun() 可將使用者的函數編譯為 byte code;程式碼如下:

```
> library(compiler)
> old.lapply.c <- cmpfun(old.lapply)
> system.time(old.lapply.c(1:2000000, is.null))

   user   system elapsed
   2.72    0.02    2.73
```

將函數編譯成 byte code 後,執行使用 2.73 個單位時間,運算速度提升 2.97 倍。另外也可使用 optimize 參數來指定最佳化程度,其值可為 0, 1, 2, 3,其預設值為 2。若為高計算量的函數,可將 optimize 設為 3。使用 getCompilerOption("optimize") 指令可以查看目前 optimize 的設定值。

例題 4.4.4 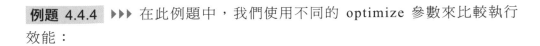 在此例題中，我們使用不同的 optimize 參數來比較執行效能：

```
> old.lapply.c0 <- cmpfun(old.lapply,
+       options = list(optimize = 0))
> old.lapply.c1 <- cmpfun(old.lapply,
+       options = list(optimize = 1))
> old.lapply.c2 <- cmpfun(old.lapply,
+       options = list(optimize = 2))
> old.lapply.c3 <- cmpfun(old.lapply,
+       options = list(optimize = 3))

> system.time(old.lapply.c0(1:2000000, is.null))
   user   system elapsed
   6.40     0.02    6.41
> system.time(old.lapply.c1(1:2000000, is.null))
   user   system elapsed
   5.54     0.01    5.55
> system.time(old.lapply.c2(1:2000000, is.null))
   user   system elapsed
   2.71     0.00    2.71
> system.time(old.lapply.c3(1:2000000, is.null))
   user   system elapsed
   2.87     0.02    2.89
> getCompilerOption("optimize")
[1] 2
```

由此範例我們發現改變 optimize 參數會影響執行效能。

　　R 的設計是向量運算，計算效率非常地高，使用者應儘量使用內建的運算指令以及運算子，才能達到有效率的運算；如果自行使用迴圈來控制陣列的運算，其執行效率將會大打折扣。

例題 4.4.5 ▶▶▶ 在此例題中，我們比較同一件工作用不同的程式碼來執行，其執行效能有很大的差異：

```
> set.seed(1)
> X <- rnorm(100000)
> Y <- rnorm(100000)
> Z <- c()
> system.time(for (i in 1:100000) {
+   Z <- c(Z, X[i] + Y[i])
+ })

   user   system elapsed
   5.81     0.00    5.80
```

在上面的指令中我們是將每個 X[i] 與 Y[i] 元素相加運算之結果一筆一筆存入 Z 中，共花費 5.8 個單位時間。但是若變更為事先宣告 Z 為向量物件 Z <- rep(NA, 100000) 再進行計算，並將計算結果逐筆存入 Z 中，則程式碼可修改如下：

```
> set.seed(1)
> X <- rnorm(100000)
> Y <- rnorm(100000)
> Z <- rep(NA, 100000)
> system.time({
+   for (i in 1:100000) {
+       Z[i] <- X[i] + Y[i]
+   }
+})

   user   system elapsed
   0.22     0.00    0.22
```

將只需 0.22 個單位時間，大幅提升了程式運算效率。若充分運用向量運算之特性，直接使用向量加法 Z <- X + Y，則可修改程式碼為：

```
> set.seed(1)
> X <- rnorm(100000)
```

```
> Y <- rnorm(100000)
> Z <- rep(NA, 100000)
> system.time(Z <- X + Y)

   user  system elapsed
      0       0       0
```

執行速度又大幅提升，幾乎測量不出執行時間。

4.5 習題

【習題 4.5.1】在本習題我們考慮攝氏溫度與華氏溫度之間的轉換。

(1) 試定義一個函數能將攝氏溫度轉換為華氏溫度，並計算攝氏 -20, -10, ..., 30, 40 轉換為華氏溫度之結果。

(2) 試定義一個函數能將華氏溫度轉換為攝氏溫度，並計算華氏 10, 20, ..., 60, 70 轉換為攝氏溫度之結果。

【習題 4.5.2】試列出 4 和 5 的九九乘法表如下：

```
        x   ×   y   =   z
    1   4   ×   1   =    4
    2   4   ×   2   =    8
    3   4   ×   3   =   12
    4   4   ×   4   =   16
    5   4   ×   5   =   20
    6   4   ×   6   =   24
    7   4   ×   7   =   28
    8   4   ×   8   =   32
    9   4   ×   9   =   36
   10   5   ×   1   =    5
   11   5   ×   2   =   10
   12   5   ×   3   =   15
   13   5   ×   4   =   20
   14   5   ×   5   =   25
   15   5   ×   6   =   30
```

```
16   5   ×   7   =   35
17   5   ×   8   =   40
18   5   ×   9   =   45
```

【習題 4.5.3】有一班學生的期末成績為 97, 63, 86, 77, 54, 93, 81, 45, 99, 73，老師將依下列分數級距打評語：

分數	評語
95以上	excellent
85~94	very good
60~84	good
59以下	no good

請設計一程式幫老師為這些學生打評語。

【習題 4.5.4】利用 while() 設計一程式找出 200 以下 13 倍數的整數及此集合的個數。

【習題 4.5.5】考慮一個等比序列 $1, r, r^2, r^3, \ldots$。

(1) 試使用 for() 寫一函數能計算此序列之前 n 項及此前 n 項之和。試試您定義的函數，其中 $n = 10$, $r = 0.5$。

(2) 試使用 while() 寫一函數能計算此序列之前 n 項及此前 n 項之和。試試您定義的函數，其中 $n = 10$, $r = 0.5$。

(3) 請問在 (1)(2) 中所得之和是否與 $1/(1-r)$ 很接近？為什麼？

【習題 4.5.6】小明每月基本生活費是 15000 元，分配儲蓄金額是餘額的 30%，但餘額又視儲蓄金額而定。假設小明月收入是 22000 元。試利用 repeat() 設計一程式計算小明的月儲蓄金與餘額各是多少？(計算到餘額前後金額差小於 0.000001，並算出反覆計算之次數)

【習題 4.5.7】設計一函數將 10 進位整數數字轉換成 k 進位數字。利用此函數計算下列的轉換。

(1) 將 10, 11, 12 轉換成 2 進位數字。

(2) 將 10, 11, 12 轉換成 3 進位數字。

【習題 4.5.8】試寫一函數 f(x) 能同時計算一群實數 x 之樣本平均數 (sample mean)、樣本中位數 (sample median)、樣本變異數 (sample variance)、樣本標準差 (sample standard deviation)、最小值、及最大值。假設

```
x <- c(-2.5, 3.2, 0, 4.4, 6.2)
```

請計算 f(x)。

【習題 4.5.9】定義如下的 Hampel's 17A 函數：

$$\rho(u) := \begin{cases} u^2/2, & |u| \le a, \\ a|u| - a^2/2, & a < |u| \le b, \\ [0.5a/(b-c)][(b-c)(b+c-a)(|u|-c)^2], & b < |u| \le c, \\ a(b+c-a)/2, & |u| > c, \end{cases}$$

其中 $a < b < c$ 皆為實數參數。令 $a = 2$, $b = 4$, $c = 8$。

(1) 請計算 $\rho(u)$，其中 u = -10, -9, ..., 0, 1, 2, ..., 10。

(2) 請繪出此函數之圖形。

【習題 4.5.10】在此習題中我們介紹如何以 Box-Muller 法產生兩個獨立且具標準常態分佈 (standard normal distribution) 之隨機變數的隨機樣本 (random sample)[Hogg, 2012]。令 Y_1, Y_2 為於區間 $[0,1]$ 具均勻分佈 (uniform distribution) 的隨機樣本。定義

$$X_1 := \left(-2\ln Y_1\right)^{1/2} \cos\left(2\pi Y_2\right), \ X_2 := \left(-2\ln Y_1\right)^{1/2} \sin\left(2\pi Y_2\right),$$

則 X_1 及 X_2 為獨立且具標準常態分佈之隨機樣本。要產生長度為 n 且於區間 $[0,1]$ 具均勻分佈的隨機樣本可以使用如下的指令：

> runif(n, min = 0, max = 1).

(1) 試產生獨立且具標準常態分佈之隨機樣本 X_1 及 X_2，且個別長度為 100。

(2) 試以 plot(x1, x2) 畫出 X_2 對 X_1 之圖形 (橫軸為 X_1，縱軸為 X_2)。您觀察到什麼特性呢？為什麼？

【習題 4.5.11】在此習題中我們介紹如何以 Marsaglia-Bray 法產生兩個獨立且具標準常態分佈之隨機變數的隨機樣本[Hogg, 2012]。此演算法可描述如下：

步驟 1：產生兩個於區間 $[-1,1]$ 具均勻分佈的亂數 U, V。

步驟 2：令 $W = U^2 + V^2$。

步驟 3：若 $W > 1$，則回到步驟 1；否則到步驟 4。

步驟 4：令

$$Z := \sqrt{\left(-2\log W\right)/W}, \ X_1 := UZ, \ X_2 := VZ.$$

以上的步驟一直重覆直到搜集到 n 個 X_1 及 X_2 為止。此時 X_1 及 X_2 為獨立且具標準常態分佈之隨機樣本。要產生長度為 n 且於區間 $[-1,1]$ 具均勻分佈的隨機樣本可以使用如下的指令：

> runif(n, min = -1, max = 1).

(1) 試產生獨立且具標準常態分佈之隨機樣本 X_1 及 X_2，且個別長度為 100。

(2) 試以 plot(x1, x2) 畫出 X_2 對 X_1 之圖形 (橫軸為 X_1，縱軸為 X_2)。您觀察到什麼特性呢？為什麼？

【習題 4.5.12】定義如下之多變數函數：

$$f(x_1, x_2, x_3) = 3x_1^2 + 5x_2 - x_1 x_3.$$

計算 f 在下列點的數值：

(1) $(x_1, x_2, x_3) = (2, -1, 0)$

(2) $(x_1, x_2, x_3) = (-1, 0, 1)$

(3) $(x_1, x_2, x_3) = (1, -1, 1)$

【習題 4.5.13】定義如下之函數：

$$f(x) = \cos(x),\ g(x) = \sin(x).$$

令 h 是 f 和 g 的合成函數，即

$$h(x) = (f \circ g)(x) = f(g(x)).$$

令

```
x <- seq(from = -5, to = 5, by = 1)
```

試列出 f, g, h 在 x 之值。

【習題 4.5.14】考慮 warpbreaks{datasets} 這個資料集，是毛線在織布機編織過程中斷線的次數。這一個資料集共有 3 個變量及 54 筆量測數據。3 個變量分別為毛線斷線次數 (breaks)、毛線種類 (wool) (共有 AB 二種)、及張力 (tension) (共有 LMH 三種)。

(1) 請問不同毛線種類及不同張力下之斷線次數為何？

(2) 請問不同毛線種類及不同張力下之斷線次數平均值為何？

【習題 4.5.15】在此習題中我們介紹一個很棒的教學投影片展示，所使用的是 slider{TeachingDemos} 這個函數。定義一個標準的正弦函數：

$$\sin(wt + \phi).$$

我們可以執行下列的指令來了解不同的 w 及 ϕ 如何影響正弦函數之圖形：

```
library(tcltk)
library(TeachingDemos)

ylab <- expression(sin(omega * t + phi))
label <- expression(-pi, -pi / 2, 0, pi / 2, pi)

fun.refresh <- function(...) {
    curve(sin(slider(no = 1) * x + slider(no = 2)), from = -pi, to = pi, , xaxt = "n",
          xlab = "t", ylab = ylab)
    axis(side = 1, at = c(-pi, -pi / 2, 0, pi / 2, pi), label = label)
    abline(h = 0, lty = 2, col = "red")
    abline(v = 0, lty = 2, col = "red")
}

win.graph(width = 4.5, height = 3.3, pointsize = 8)
old.par <- par(mex = 0.8, mar = c(5, 4, 3, 1) + 0.1)

slider(sl.functions = fun.refresh,
    sl.names = c("omega", "phi"),
    sl.mins = c(-5, -pi),
    sl.maxs = c(5, pi),
    sl.deltas = c(0.01, 0.1),
    sl.defaults = c(1, 0),
    title = "sine function")

par(old.par)
```

R 繪圖

    R 程式語言具有十分強大的繪圖功能。在本章中我們將從最基本的繪圖功能開始介紹。首先我們必須了解一個繪圖視窗 (plotting window)。當我們下達如 plot(), windows(), curve() 等之繪圖指令時，會產生一個預設之繪圖視窗，其預設之寬 (width) 及高 (height) 皆為 7 英吋 (7 inches)，即 width = 7, height = 7。

    先舉個簡單的例子。考慮 cars{datasets} 這個資料集，是一些車子速率與煞車距離之量測數據。我們先將其載入：

```
> data(cars)
```

接下來看一下簡要的內容：

```
> str(cars)

'data.frame':   50 obs. of  2 variables:
 $ speed: num  4 4 7 7 8 9 10 10 10 11 ...
 $ dist : num  2 10 4 22 16 10 18 26 34 17 ...
```

這是一個資料框，其中 speed 是代表車子的速率，dist 是代表車子的煞車距離，且共有 50 筆量測數據。我們可用下列的指令將這個資料框的數據繪出 (如圖 5.0.1)：

```
> plot(cars)
```

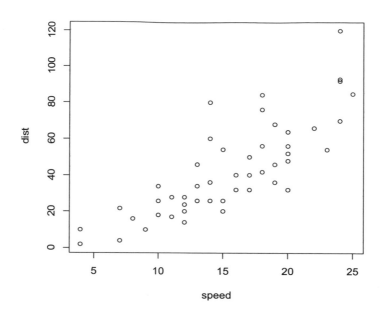

圖 5.0.1：cars 之資料圖形

此時我們可按滑鼠右鍵將此圖形複製 (copy)、儲存 (save)、或列印 (print)。

在上面的繪圖程序中，我們使用了內定的圖形參數設定。當然使用者也可以自行設定這些參數。要了解圖形參數的詳細內容可鍵入：

```
> ?plot
```

或

```
> ?par
```

要知道目前圖形參數的設定值可鍵入：

```
> par()
```

由上面的繪圖可知，一個繪圖視窗可以分為兩個部份。一個是繪圖區域 (plotting region)，這是真正繪製圖形的地方；另一個是座標軸 (axis) 及邊界 (margin)。我們將逐一介紹各個部份的設定及用法。

5.1 繪圖視窗之設定

在本節，我們要來介紹繪圖視窗的設定。通常我們需要自己設定繪圖視窗的樣式及大小，理由是由此所繪出的圖形在剪貼至文書處理文件 (如 WORD 檔) 時會比較合適。我們可以利用 windows() 或 win.graph() 來設定繪圖視窗的樣式 (包括大小)。比方說 (如圖 5.1.1)：

```
> windows(width = 4.5, height = 3.3, pointsize = 8)
> old.par <- par(mex = 0.8, mar = c(5, 5, 4, 2) + 0.1)
> plot(cars)
> par(old.par)  # reset to previous settings
```

或用

```
> win.graph(width = 4.5, height = 3.3, pointsize = 8)
> old.par <- par(mex = 0.8, mar = c(5, 5, 4, 2) + 0.1)
> plot(cars)
> par(old.par)  # reset to previous settings
```

第一個指令是設定繪圖視窗的寬為 4.5 英吋、高為 3.3 英吋、文字或符號的字體大小為 8。第二個指令是將舊的相關邊界設定存起來並開始使用新的設定：mex = 0.8 是代表邊界文字的縮放比 (expansion factor)，mar = c(5, 5, 4, 2) + 0.1 是設定在四個邊界 (依下、左、上、右之順序) 各留上 5.1, 5.1, 4.1, 2.1 條線寬的距離。第三個指令是將 cars 這個資料框的數據繪出。第四個指令是回復至上一次的圖形參數設定。

在一個繪圖視窗中，side = 1 是代表繪圖區域下邊，side = 2 是代表左邊，side = 3 是代表上邊，side = 4 是代表右邊；簡而言之是由繪圖區域下邊開始沿順時針方向前進。

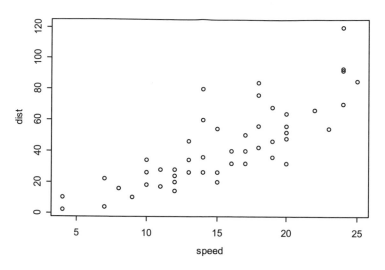

圖 5.1.1：cars 之資料圖形

當我們下達繪圖指令時，前一個繪圖視窗會被新的繪圖視窗覆蓋。若我們還要多開一個繪圖視窗，可以鍵入：

```
> windows()
```

或是

```
> win.graph()
```

此時原有的繪圖視窗仍然存在，不會被覆蓋。

5.2 常用的圖形參數

再來介紹幾個常用的圖形參數：

▶ xlim # x 軸 (橫軸) 之範圍; xlim[1] 為左邊界限，xlim[2] 為右邊界限

▶ ylim # y 軸 (縱軸) 之範圍; ylim[1] 為下邊界限，ylim[2] 為上邊界限

▶ xlab # x 軸 (橫軸) 之名稱 (出現於橫軸下方)

  ▸ ylab   # y 軸 (縱軸) 之名稱 (出現於縱軸左方)

  ▸ main   # 整個圖形之主標題 (上標題) (出現於圖形上方)

  ▸ sub   # 副標題 (下標題) (出現於橫軸下方)

  ▸ cex   # 文字及符號相對於內定值之縮放比 (character expansion factor)

  ▸ pch   # 點之型式

  ▸ col   # 繪圖之顏色

舉個簡單的例子 (如圖5.2.1)：

```
> windows(width = 4.5, height = 3.3, pointsize = 8)
> old.par <- par(mex = 0.8, mar = c(7, 5, 4, 2) + 0.1)
> plot(cars, xlim = c(0, 30), ylim = c(0, 130),
+   xlab = "xlab", ylab = "ylab", main = "main title",
+   sub = "subtitle", cex = 0.8, pch = 16, col = "red")
> par(old.par)
```

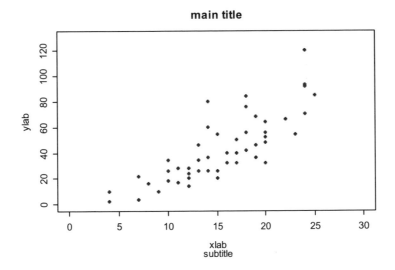

圖 5.2.1：繪圖範例

在此例中，若我們想要讓繪出的文字、符號或圖點較小一些，我們可以設定 cex = 0.8，若要大一點則可設定 cex = 2.0。

接著我們來看看各種符號及顏色的型式 (如圖 5.2.2)：

```
> windows(width = 4.5, height = 3.3, pointsize = 8)
> old.par <- par(mex = 0.8, mar = c(5, 5, 4, 2) + 0.1)
> plot(1:25, pch = 0:25, col = 1:8, xlab = "number",
+   ylab = "")
> par(old.par)
```

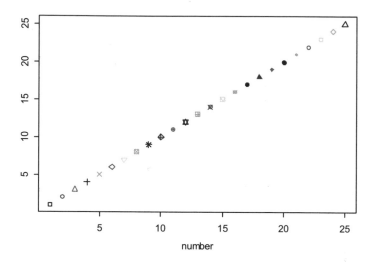

圖 5.2.2：符號及顏色的型式

5.3 座標軸及邊界

現在我們來介紹座標軸及邊界的相關函數與圖形參數：

▶ axis　　　# 設定座標軸之函數

▶ axes　　　# axes = TRUE 代表要畫座標軸；

　　　　　　# axes = FALSE 代表不要畫座標軸

▶ xaxt　　　# xaxt = "n" 代表不要畫 x 座標軸；否則要畫

▶ yaxt   # yaxt = "n" 代表不要畫 y 座標軸；否則要畫

▶ col.axis   # 座標軸標記文字的顏色

▶ side   # 繪圖區域邊界的編號

▶ mex   # 邊界文字之縮放比

▶ mar   # 在四個邊界保留幾條線寬的距離

舉一個簡單的例子來看看 (如圖 5.3.1)：

```
> windows(width = 4.5, height = 3.3, pointsize = 8)
> old.par <- par(mex = 0.8, mar = c(5, 5, 4, 3) + 0.1)
> plot(0:10, 0:10, col = 1:10, pch = 16, xlab = "X axis",
+   ylab = "Y axis", axes = FALSE)
> axis(side = 1, col = "black", col.axis = "red",
+   at = 0:10, label = LETTERS[1:11])
> axis(side = 2, col = "green", col.axis = "blue",
+   at = seq(from = 0, to = 10, by = 1))
> axis(side = 3, col = "cyan", col.axis = "magenta",
+   at = seq(from = 0, to = 8, by = 1))
> axis(side = 4, col = "yellow", col.axis = "gray",
+   at = seq(from = 2, to = 10, by = 2),
+   label = c(20, 40, 60, 80, 100))
> par(old.par)
```

在上面 axis() 之中，at 代表座標軸標記的位置，label (標記、標題、標籤) 代表座標軸的標記文字。

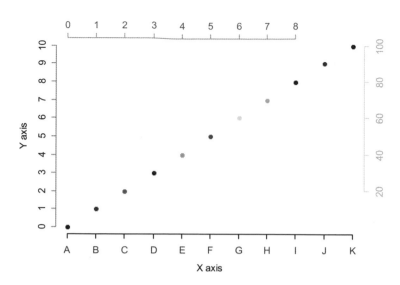

圖 5.3.1：座標軸及邊界之範例

5.4 加入文字

我們常需要在現有的圖形中加入一些文字、註解 (或註釋)、及圖標 (或圖例、備註) 等，使得圖形的內容更豐富。我們可以使用下列的指令：

- ▶ text　　# 加入文字

- ▶ title　　# 加入註解 (或註釋)

- ▶ legend　# 加入圖標 (或圖例、備註)

- ▶ mtext　　# 在邊界加入文字

先看看下面這個簡單的例子 (如圖 5.4.1)：

```
> windows(width = 4.5, height = 3.3, pointsize = 8)
> old.par <- par(mex = 0.8, mar = c(5, 5, 4, 2) + 0.1)

> plot(cars, xlab = "", ylab = "")
> title(main = "cars data", xlab = "speed",
+   ylab = "distance")
> text(20, 100, label = "text here")
```

```
> legend("topleft", legend = c("x: speed", "y: distance"))
> mtext(text = c("Bottom", "Left", "Top", "Right"),
+   side = 1:4, col = 1:4, line = -2)

> par(old.par)
```

在 mtext() 中，line = -2 是指由該邊界往繪圖區域內部移兩條線寬度的位置，因此 line = 1 是指由該邊界往繪圖區域外部移一條線寬度的位置。若要將圖標題 (備註) 橫著列出，只要在 legend() 之參數中加入 horiz = TRUE 即可。若要取消圖標題之外框，只要在 legend() 之參數中加入 bty = "n" 即可。

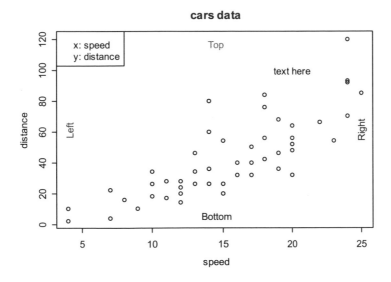

圖 5.4.1：加入文字、註解、及圖標之範例

加入 legend 之位置選擇可為

"topleft",	"top",	"topright"
"left",	"center",	"right"
"bottomleft",	"bottom",	"bottomright"

另外我們也可以使用 locator() 指令並以滑鼠來點選所須的位置 (此圖我們點選左上角的位置) (如圖 5.4.2)：

```
> windows(width = 4.5, height = 3.3, pointsize = 8)
> old.par <- par(mex = 0.8, mar = c(5, 5, 4, 2) + 0.1)

> plot(cars, xlab = "", ylab = "")
> title(main = "cars data", xlab = "speed",
+   ylab = "distance")
> text(20, 100, label = "text here")
> legend(locator(1), legend = c("x: speed", "y:
+   distance"))

> par(old.par)
```

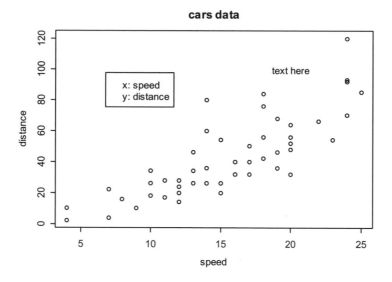

圖 5.4.2：使用 locator() 之範例

常常我們需要加入圖形的說明或註解文字，也可能需要加入一些數學符號或是希臘字母 (比方說方程式)。這時我們可以使用 expression() 函數；必要的時候也可以使用 paste() 將已經轉換為文字的幾個向量連接起來。

假設我們想在一張已有之圖中的某一位置加入以下的方程式：

$$\chi^2 = 4.4,\ x_3 = 5.5,\ y_3^2 = 8.8,\ \hat{y} \pm z,\ f(x) = \frac{1}{\sigma\sqrt{2\pi}}e^{\frac{-(x-\mu)^2}{2\sigma^2}}.$$

此時可以使用下列的指令 (如圖 5.4.3 之左圖)：

```
> win.graph(width = 2.8, height = 2.8, pointsize = 8)
> old.par <- par(mex = 0.8, mar = c(5, 5, 3, 2) + 0.1)

> plot(0:10, 0:10, xlab = "", ylab = "", pch = 1:10,
+    col = 1:10)

> text(2, 8, label = expression(chi^2 == "4.4"))
> text(2, 7, label = expression(x[3] == "5.5"))
> text(2, 6, label = expression(y[3]^2 == "8.8"))
> text(8, 5, label = expression(hat(y) %+-% z))

> label.eq <- expression(paste("f(x) = ",
+   frac(1, sigma*sqrt(2 * pi)), " ",
+      e^{frac(-(x - mu)^2, 2*sigma^2)}))
> text(7, 2, label = label.eq)

> par(old.par)
```

假設我們想繪出餘弦函數 cosine 之圖形並標記適當的座標及文字，則可以使用下列的指令 (如圖 5.4.3 之右圖)：

```
> x <- seq(from = -4, to = 4, length = 101)

> win.graph(width = 2.8, height = 2.8, pointsize = 8)
> old.par <- par(mex = 0.8, mar = c(5, 5, 3, 2) + 0.1)

> xlab <- expression(paste("phase angle ", phi))
> ylab <- expression(paste("cos(", phi, ")"))
> plot(x, cos(x), type = "l", xaxt = "n",
```

```
+    xlab = xlab, ylab = ylab)

> label <- expression(-pi, -pi / 2, 0, pi / 2, pi)
> axis(side = 1, at = c(-pi, -pi / 2, 0, pi / 2, pi),
+    label = label)

> par(old.par)
```

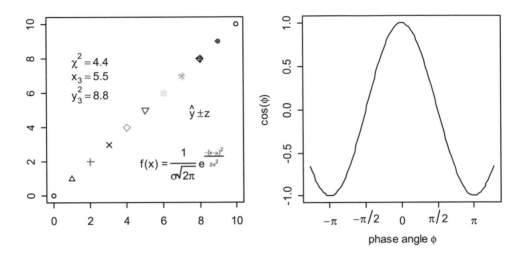

圖 5.4.3：數學符號之範例

要了解如何在 expression() 中寫入一些數學符號或數學方程式可鍵入：

```
> ?plotmath
```

或是

```
> demo(plotmath)
```

有關字型 (font) 之圖形參數介紹如下：

▸ font   # 文字及符號之字型

▸ font.axis   # 座標軸數字、文字及符號之字型

- ▸ font.lab   # 座標軸標記之字型

- ▸ font.main   # 主標題 (上標題) 文字及符號之字型

- ▸ font.sub   # 副標題 (下標題) 文字及符號之字型

要進一步了解字型、特殊字母及符號的用法可鍵入：

```
> demo(Hershey)
```

5.5 多張圖形

常常為了比較起見，我們需要將幾張圖畫在一起，這時我們可以使用 mfrow()或 mfcol() 指令。使用 mfrow() 時，圖形是依列 (by row) 順序畫出；使用 mfcol() 時，圖形是依行 (by column) 順序畫出。

有關座標軸縮放比之圖形參數介紹如下：

- ▸ cex.axis   # 座標軸數字、文字及符號相對於內定值之縮放比

- ▸ cex.lab   # 座標軸標記文字及符號相對於內定值之縮放比

- ▸ cex.main   # 主標題 (上標題) 文字及符號相對於內定值之縮放比

- ▸ cex.sub   # 副標題 (下標題) 文字及符號相對於內定值之縮放比

看看下面這個例子就可明瞭縮放比的效果 (如圖 5.5.1)：

```
> windows(width = 4.5, height = 3.3, pointsize = 8)
> old.par <- par(mfrow = c(2, 2), mex = 0.8,
+     mar = c(5, 5, 4, 2) + 0.1)

> plot(cars, main = "cars data", cex = 2)
> plot(cars, main = "cars data", cex.axis = 2)
> plot(cars, main = "cars data", cex.lab = 2)
> plot(cars, main = "cars data", cex.main = 2)

> par(old.par)
```

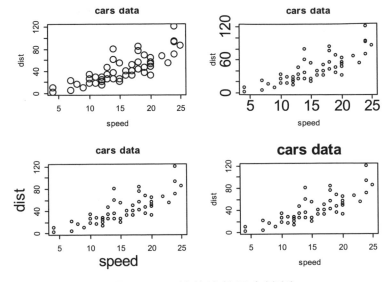

圖 5.5.1：縮放比效果之範例

　　若我們想了解座標軸標記數字或文字之展現方式，可以使用 las 這個參數做不同的設定 (如圖 5.5.2)：

```
> windows(width = 4.5, height = 3.3, pointsize = 8)
> old.par <- par(mfrow = c(2, 2), mex = 0.8,
+   mar = c(5, 5, 4, 4) + 0.1)

> plot(cars, main = "las = 0", las = 0)
+   # 0: always parallel to the axis [default]
> plot(cars, main = "las = 1", las = 1)
+   # 1: always horizontal
> plot(cars, main = "las = 2", las = 2)
+   # 2: always perpendicular to the axis
> plot(cars, main = "las = 3", las = 3)
+   # 3: always vertical

> par(old.par)
```

或用簡單一點的指令 (如圖 5.5.2)：

```
> par(mfrow = c(2, 2))
> plot(cars, main = "las = 0", las = 0)
> plot(cars, main = "las = 1", las = 1)
> plot(cars, main = "las = 2", las = 2)
> plot(cars, main = "las = 3", las = 3)
> par(mfrow = c(1, 1))
```

在上面的第一個指令是將繪圖視窗分割為 2×2 的圖形矩陣，圖形會依列順序畫出。最後一個指令是回復到一個繪圖視窗繪製一張圖的顯示狀態。

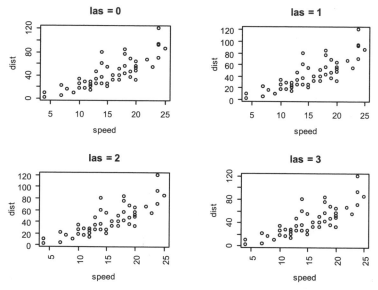

圖 5.5.2：座標軸標記數字或文字之展現方式

圖形參數 type 是點和點之間的展示樣式。如下的指令可以顯示各種不同的樣式 (如圖 5.5.3)：

```
> windows(width = 4.5, height = 3.3, pointsize = 8)
> old.par <- par(mfrow = c(2, 3), mex = 0.6,
+    mar = c(5, 4, 4, 2) + 0.1)

> plot(cars, type = "p", main = "type = p")
```

```
    # "p" for points
> plot(cars, type = "l", main = "type = l")
    # "l" for lines
> plot(cars, type = "b", main = "type = b")
    # "b" for both
> plot(cars, type = "o", main = "type = o")
    # "o" for both 'overplotted'
> plot(cars, type = "h", main = "type = h")
    # "h" for histogram-like vertical lines
> plot(cars, type = "n", main = "type = n")
    # "n" for no plotting

> par(old.par)
```

請注意最後一張圖除了座標軸及主標題外，在繪圖區域內什麼也沒畫，這到底是用來幹嘛的？其實這是十分有用的。通常我們在繪製一張圖時是一次加一些東西上去的，因此在開始繪製一張圖時，我們可以先設定一張空白的圖，再慢慢地將一件一件東西加上去。另外我們可以使用 mex 參數來調整各個圖形之間的距離。

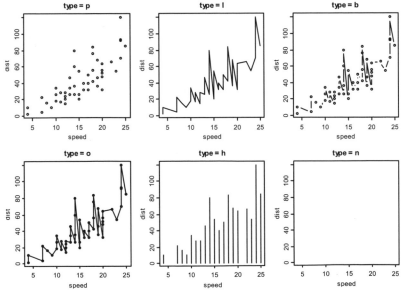

圖 5.5.3：點和點之間的展示樣式

要特別注意的是當我們選用 type 為 "l", "b", "o"時，一定要先將 x (即橫座標) 之數值先排序 (除非本身已排好序)。因為此例所採用的 speed 資料本身已排好序，因此不用先將數值排序。

考慮 iris{datasets} 這個資料集，是對鳶尾花 (或蝴蝶花) 的一些量測數據。我們先將其載入：

```
> data(iris)
```

接下來看一下簡要的內容：

```
> str(iris)

'data.frame':   150 obs. of  5 variables:
 $ Sepal.Length: num  5.1 4.9 4.7 ...
 $ Sepal.Width : num  3.5 3 3.2 ...
 $ Petal.Length: num  1.4 1.4 1.3..
 $ Petal.Width : num  0.2 0.2 0.2..
 $ Species: Factor w/3 levels "setosa","versicolor",..:
    1 1 1...
```

這是一個資料框，共有 5 個變數及 150 筆量測數據。假設

```
> x <- iris[, 1]
> y <- iris[, 2]
```

現在我們繪出 x, y 之數據，並選擇 type = "o"。我們來比較 x 沒有排序與有先排序所繪出圖形之不同 (左圖事實上根本不是我們想要的圖) (如圖 5.5.4)：

```
> win.graph(width = 2.8, height = 2.8, pointsize = 8)
> old.par <- par(mex = 0.8, mar = c(5, 4, 3, 1) + 0.1)
> plot(x, y, type = "o", xlab = "x", ylab = "y",
+   main = "x: unsorted")
> par(old.par)
```

```
> order.x <- order(x)
> win.graph(width = 2.8, height = 2.8, pointsize = 8)
> old.par <- par(mex = 0.8, mar = c(5, 4, 3, 1) + 0.1)
> plot(x[order.x], y[order.x], type = "o", xlab = "x",
+   ylab = "y", main = "x: sorted")
> par(old.par)
```

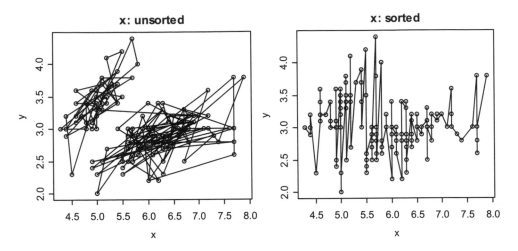

圖 5.5.4：沒有排序與有先排序所繪出之圖形

我們也可以使用 layout() 將幾張圖畫在一起。先來看個例子 (如圖 5.5.5)：

```
> windows(width = 4.5, height = 3.3, pointsize = 8)
> old.par <- par(mex = 0.8, mar = c(5, 4, 4, 2) + 0.1)

> layout(matrix(1:4, nrow = 2))
> plot(cars, las = 0, main = "las = 0")
> plot(cars, las = 1, main = "las = 1")
> plot(cars, las = 2, main = "las = 2")
> plot(cars, las = 3, main = "las = 3")
> layout(1)

> par(old.par)
```

在上面的第一個 layout() 指令是將繪圖視窗分割為 2×2 的圖形矩陣，圖形會依指定位置畫出，即第一張圖畫在1的位置 ((1, 1) 的位置)，第二張圖畫在 2 的位置 ((2, 1) 的位置)，第三張圖畫在 3 的位置 ((1, 2) 的位置)，第四張圖畫在 4 的位置 ((2, 2) 的位置)。最後一個 layout(1) 指令是回復到一個繪圖視窗繪製一張圖的顯示狀態。

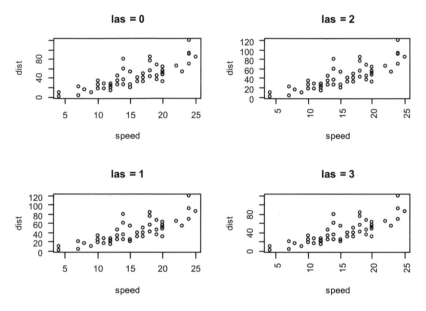

圖 5.5.5：使用 layout() 之範例一

再看另一個例子 (如圖 5.5.6)：

```
> windows(width = 4.5, height = 3.3, pointsize = 8)
> old.par <- par(mex = 0.8, mar = c(5, 4, 4, 2) + 0.1)

> layout(matrix(c(1, 2, 1, 3), nrow = 2, ncol = 2))
> plot(cars, las = 1, main = "las = 1")
> plot(cars, las = 2, main = "las = 2")
> plot(cars, las = 3, main = "las = 3")
> layout(1)

> par(old.par)
```

在此例中,第一張圖畫在 1 和 3 的位置 (占了 (1, 1) 和 (1, 2) 的位置,因此會比較大張),第二張圖畫在 2 的位置 ((2, 1) 的位置),第三張圖畫在4的位置 ((2, 2) 的位置)。

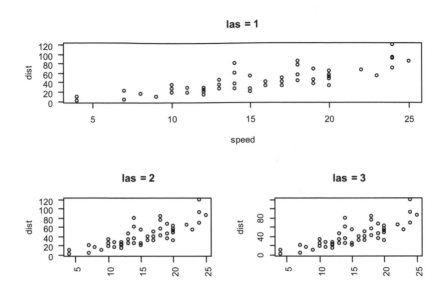

圖 5.5.6:使用 layout() 之範例二

最後再來看一個例子 (如圖 5.5.7):

```
> windows(width = 4.5, height = 3.3, pointsize = 8)
> old.par <- par(mex = 0.8, mar = c(5, 4, 4, 2) + 0.1)

> layout(matrix(c(1, 2, 0, 3), nrow = 2, ncol = 2),
+   width = c(2, 1), height = c(1, 1.5))
> plot(cars, las = 1, main = "las = 1")
> plot(cars, las = 2, main = "las = 2")
> plot(cars, las = 3, main = "las = 3")
> layout(1)

> par(old.par)
```

在此例中，第一張圖畫在 1 的位置 ((1, 1) 的位置)，第二張圖畫在 2 的位置 ((2, 1) 的位置)，第三張圖畫在 4 的位置 ((2, 2) 的位置)，而 3 的位置 ((1, 2) 的位置) 並不畫圖。width 是用來設定各行之寬度，而 height 用來設定各列之高度。

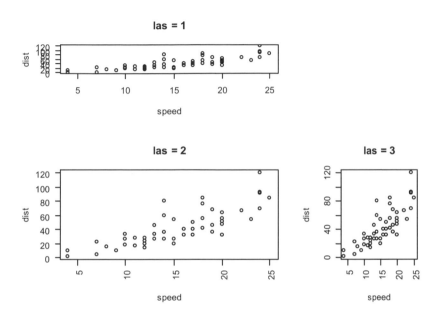

圖 5.5.7：使用 layout() 之範例三

另外有一個函數 split.screen() 也可以將幾張圖畫在一起。

5.6 加入圖形元件

我們常需要在原圖形中加入一些點、線、線段、箭頭、符號和一些幾何圖形。底下所列是一些十分有用的繪畫函數及圖形參數：

▶ points   # 打點

▶ lines   # 畫線

▶ abline   # 畫 y = a + bx 的直線

▶ segments   # 畫線段

▶ arrows   # 畫箭頭

▶ box 　　　# 在原圖形最外圍加上框框

▶ lty 　　　# 直線之樣式

▶ lwd 　　　# 直線之寬度

舉個簡單的例子 (如圖 5.6.1)：

```
> x <- c(2, 3, 4)
> y <- c(6, 7, 8)

> windows(width = 4.5, height = 3.3, pointsize = 8)
> old.par <- par(mex = 0.8, mar = c(5, 4, 4, 2) + 0.1)

> plot(0:10, 0:10, xlab = "", ylab = "", pch = 1:11,
+    col = 1:8, axes = FALSE)
> axis(side = 1, at = 0:10)
> axis(side = 2, at = 0:10)
> box()

> lines(c(1, 2), c(9, 10), col = "yellow", lwd = 3)
> abline(a = -2, b = 1, col = "gold", lwd = 2)
> abline(h = 1:3, lty = 1:3, lwd = c(1.0, 1.5, 2.0),
+    col = c("red", "green", "blue")) # horizontal line
> abline(v = 6:8, lty = 1:3, lwd = c(1.0, 1.5, 2.0),
+    col = c("red", "green", "blue")) # vertical lines
> points(x, y, col = "violet", pch = 16, cex = 2)
> segments(x[1], y[1], x[2], y[2], col = "violet",
+    lwd = 2)
> segments(x[2], y[2], x[3], y[3], col = "dark violet",
+    lwd = 2)
> arrows(1, 7, 1, 8, code = 1, length = 0.1, col = "pink",
+    lwd = 2)
> arrows(2, 8, 3, 9, code = 2, length = 0.1, col = "pink",
+    lwd = 2)

> par(old.par)
```

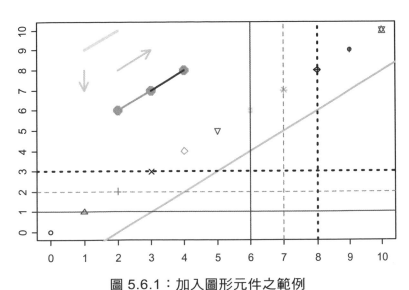

圖 5.6.1：加入圖形元件之範例

我們可以使用 symbols() 來繪出圓形和矩形等等，也可使用 polygon() 繪出多邊形。底下我們就用這兩個繪圖函數來製作一個不是很高明的臉譜 (見笑了) (如圖 5.6.2)：

```
> windows(width = 4.5, height = 3.3, pointsize = 8)
> old.par <- par(mex = 0.8, mar = c(5, 4, 4, 2) + 0.1)

> plot(0:10, 0:10, xlab = "", ylab = "", pch = 1:11,
+    col = 1:8, type = "n")
> axis(side = 1, at = 0:10)
> axis(side = 2, at = 0:10)

> symbols(5, 5, circles = 4, fg = "blue", lwd = 2,
+    inches = FALSE, add = TRUE)

> symbols(3.5, 6.5, circles = 0.5, fg = "dark violet",
+    bg = "purple", inches = FALSE, add = TRUE)
> symbols(6.5, 6.5, circles = 0.5, fg = "dark violet",
+    bg = "purple", inches = FALSE, add = TRUE)

> symbols(3.5, 8.5, rectangles = matrix(c(1.5, 0.5),
```

```
+    nrow =1), fg = "gray", inches = FALSE, add = TRUE)
> symbols(6.5, 8.5, rectangles = matrix(c(1.5, 0.5),
+    nrow =1), fg = "gray", inches = FALSE, add = TRUE)

> symbols(5, 4.5, rectangles = matrix(c(0.5, 2),
+    nrow =1), fg = "green", bg = "lightgreen",
+    inches = FALSE, add = TRUE)

> symbols(5, 1.5, squares = 1.5, fg = "red", lwd = 2,
+    inches = FALSE, add = TRUE)

> polygon(c(3.5, 3, 2), c(3, 3, 2), col = "orange")
> polygon(c(6.5, 7, 8), c(3, 3, 2), col = "orange")

> par(old.par)
```

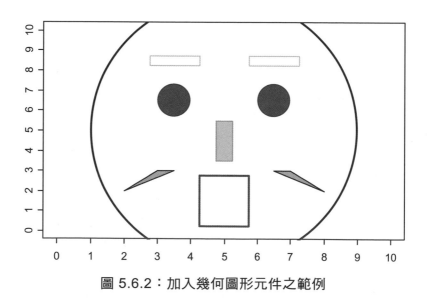

圖 5.6.2：加入幾何圖形元件之範例

　　我們也可以使用 rect() 來畫長方形，其中須設定的參數為長方形左下及右
上之座標。

　　為了比較起見我們常要將好幾個圖形 (比方說點或線段) 畫在同一張圖上。
此時我們可以利用 matplot(), matpoints() 或 matlines() 這幾個繪圖函數來完成。

　　考慮 iris{datasets} 這個資料集，是對鳶尾花 (或蝴蝶花) 的一些量測數據。我們先將其載入：

```
> data(iris)
```

我們將此資料集的第一行的數據定義為 x，第二行至第四行的數據分別定義為 y1, y2, y3。現在我們想觀察 y1 ~ x, y2 ~ x, y3 ~ x 之資料分佈之差異，可以使用下列的指令 (如圖 5.6.3)：

```
> x <- iris[, 1]
> y1 <- iris[, 2]
> y2 <- iris[, 3]
> y3 <- iris[, 4]

> ylim <- range(y1, y2, y3)

> win.graph(width = 2.8, height = 2.8, pointsize = 8)
> old.par <- par(mex = 0.8, mar = c(5, 4, 3, 1) + 0.1)
> plot(NA, xlim = range(x), ylim = ylim, type = "n",
+    xlab = "x", ylab = "")
> matpoints(x, cbind(y1, y2, y3), col = c("red", "green",
+    "blue"))
> par(old.par)

> win.graph(width = 2.8, height = 2.8, pointsize = 8)
> old.par <- par(mex = 0.8, mar = c(5, 4, 3, 1) + 0.1)
> plot(NA, xlim = range(x), ylim = ylim, type = "n",
+    xlab = "x", ylab = "")
> matpoints(x, cbind(y1, y2, y3), col = c("red", "green",
+    "blue"), pch = 1:3)
> par(old.par)
```

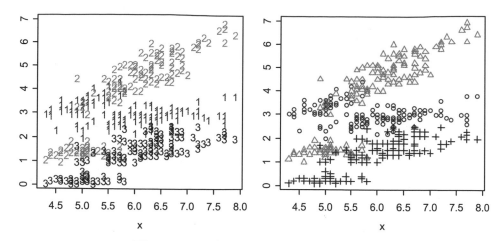

圖 5.6.3：不同資料同時呈現於一張圖

假設我們想繪出下列三個函數之圖形並放在同一張圖上做比較：

$$y_1 = f_1(x) = \sin(x),\ y_2 = f_2(x) = \cos(x),\ y_3 = f_3(x) = \sin(x) + \cos(x).$$

當然我們也可以用前面學過的方法一個接一個地將圖形附加上去。但我們現在直接使用 matpoints() 或 matlines() 函數一次將三條線繪出來。我們所使用的指令如下 (如圖 5.6.4)：

```
> x <- seq(from = -pi, to = pi, length = 101)
> y1 <- sin(x)
> y2 <- cos(x)
> y3 <- sin(x) + cos(x)

> ylim <- range(y1, y2, y3)

> win.graph(width = 2.8, height = 2.8, pointsize = 8)
> old.par <- par(mex = 0.8, mar = c(5, 4, 3, 1) + 0.1)

> plot(x, y1, xlim = range(x), ylim = ylim, type = "n",
+   xaxt = "n", xlab = "x", ylab = "", main = "Using
+   matpoints()")
> label <- expression(-pi, -pi / 2, 0, pi / 2, pi)
> axis(side = 1, at = c(-pi, -pi / 2, 0, pi / 2, pi),
```

```
+    label = label)
> matpoints(x, cbind(y1, y2, y3), type = "l",
+    col = c("red", "green", "blue"), lty = 1:3, lwd = 1:3)
> legend("topleft", legend = c("y1", "y2", "y3"),
+    col = c("red", "green", "blue"), lty = 1:3, lwd = 1:3)

> par(old.par)

> win.graph(width = 2.8, height = 2.8, pointsize = 8)
> old.par <- par(mex = 0.8, mar = c(5, 4, 3, 1) + 0.1)

> plot(x, y1, xlim = range(x), ylim = ylim, type = "n",
+    xaxt = "n", xlab = "x", ylab = "", main = "Using
+    matlines()")
> label <- expression(-pi, -pi / 2, 0, pi / 2, pi)
> axis(side = 1, at = c(-pi, -pi / 2, 0, pi / 2, pi),
+    label = label)
> matlines(x, cbind(y1, y2, y3), col = c("red", "green",
+    "blue"), lty = 1:3, lwd = 1:3)
> legend("topleft", legend = c("y1", "y2", "y3"),
+    col = c("red", "green", "blue"), lty = 1:3, lwd = 1:3)

> par(old.par)
```

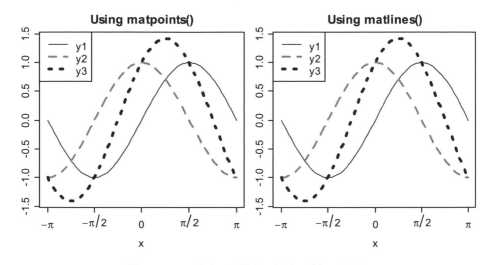

圖 5.6.4：多個函數同時呈現於一張圖

5.7 顏色

在這一節中我們特別來討論顏色。在以下的討論，我們將以一些長條圖 (bar plot) 來繪製各種顏色。在內定的調色板 (palette) 中共有 8 種基本顏色：

```
> palette()
[1] "black" "red" "green3" "blue" "cyan"
[6] "magenta" "yellow" "gray"
```

現在我們將這些基本顏色繪出 (如圖 5.7.1)：

```
> windows(width = 4.5, height = 2.5, pointsize = 8)
> old.par <- par(mex = 0.8, mar = c(4, 2, 2, 2) + 0.1)
> barplot(1:8, col = palette(), names.arg = 1:8,
+    yaxt = "n")
> par(old.par)
```

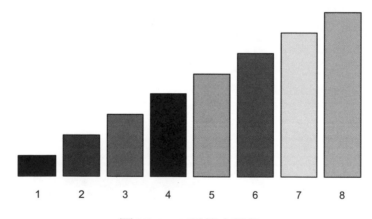

圖5.7.1：8 種基本顏色

在有使用到顏色的函數或指令，我們可以用數字或文字來代表想要設定的顏色。比方說，col = 2 與 col = "red" 同樣都是選擇紅色。

我們也可以使用別的調色板中之顏色。底下我們展示 6 個調色板中的 10 種顏色 (如圖 5.7.2)：

```
n <- 10

> windows(width = 5, height = 3.3, pointsize = 8)
> old.par <- par(mfrow = c(2, 3), mex = 0.6,
+    mar = c(5, 4, 4, 2) + 0.1)

> barplot(1:n, col = colors()[1:n], names.arg = 1:n,
+    yaxt = "n", main = "colors")
> barplot(1:n, col = rainbow(n), names.arg = 1:n,
+    yaxt = "n", main = "rainbow")
> barplot(1:n, col = heat.colors(n), names.arg = 1:n,
+    yaxt = "n", main = "heat.colors")
> barplot(1:n, col = terrain.colors(n), names.arg = 1:n,
+    yaxt = "n", main = "terrain.colors")
> barplot(1:n, col = topo.colors(n), names.arg = 1:n,
+    yaxt = "n", main = "topo.colors")
> barplot(1:n, col = cm.colors(n), names.arg = 1:n,
+    yaxt = "n", main = "cm.colors")   # cm: cyan-magenta
> par(old.par)
```

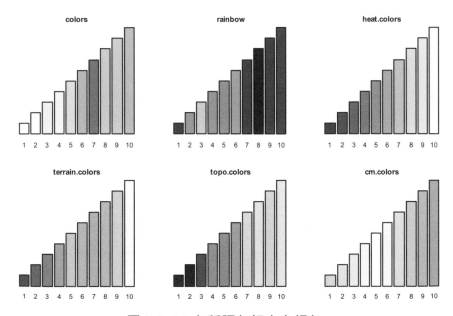

圖 5.7.2：各種調色板中之顏色

要畫一張灰階圖 (gray-scale picture) 我們就得使用各個灰階的顏色。我們可以使用 gray(level) 來設定灰階；level = 0 是代表黑色，level = 1 是代表白色。舉個簡單的例子 (如圖 5.7.3)：

```
> gray.scale <- seq(from = 0, to = 1, length = 10)

> windows(width = 4.5, height = 2.5, pointsize = 8)
> old.par <- par(mex = 0.8, mar = c(4, 2, 2, 2) + 0.1)
> barplot(1:10, col = gray(gray.scale), names.arg = 1:10,
+   yaxt = "n", main = "gray scale")
> par(old.par)
```

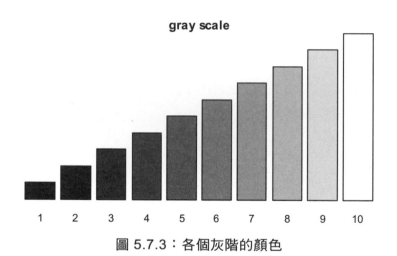

圖 5.7.3：各個灰階的顏色

我們也可以按自己的意思重新定義調色板。比方說，我們想將 terrain.colors 的 20 種顏色放入調色板中，取代原來的 8 種基本顏色。可以使用下列的指令：

```
> palette(terrain.colors(20))  # redefine palette
```

來看看新的調色板中顏色的名稱：

```
> palette()
[1]  "#00A600" "#13AD00" "#28B400" "#3EBB00" "#56C200"
[6]  "#70C900" "#8BD000" "#A7D700" "#C6DE00" "#E6E600"
[11] "#E7D217" "#E8C32E" "#E9B846" "#EBB25E" "#ECB176"
[16] "#EDB48E" "#EEBCA7" "#F0C9C0" "#F1DBD9" "gray95"
```

現在將新調色板中的顏色繪出來 (如圖 5.7.4)：

```
> windows(width = 2.8, height = 2.5, pointsize = 8)
> old.par <- par(mex = 0.8, mar = c(4, 2, 2, 2) + 0.1)
> barplot(1:20, col = 1:20, names.arg = 1:20, yaxt = "n")
> par(old.par)

> windows(width = 2.8, height = 2.5, pointsize = 8)
> old.par <- par(mex = 0.8, mar = c(4, 2, 2, 2) + 0.1)
> plot(1:20, pch = 16, cex = seq(from = 1, to = 10,
+    length = 20), col = 1:20, xlab = "")
> par(old.par)
```

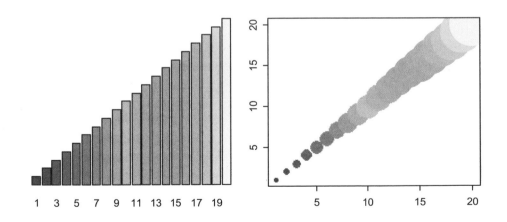

圖 5.7.4：新的調色板之顏色

當不再使用自訂的調色板時，我們可以回復到內定的調色板：

```
> palette("default")  # using default colors

> palette()
[1] "black"    "red"      "green3"  "blue"      "cyan"
[6] "magenta" "yellow"   "gray"
```

其實還有許多不錯的內建顏色可用，例如：

"chocolate", "cornsilk", "gold", "lavender", "mistyrose", "navy",
"orange", "pink", "purple", "violet", "dark violet", "wheat",
"lightgreen", "lightblue", "lightcyan".

要知道所有的內建顏色可使用下列的指令：

```
> colors()
```

要了解所有與粉紅色相關的顏色可使用下列的指令：

```
> colors()[grep("pink", colors())]
```

我們可以使用 show.colors{DAAG} 生動地展示各種內建顏色的名稱及顏色。試試下面這些指令：

```
> library(DAAG)

> show.colors(type = "singles", order.cols = TRUE)
+   # single shade

> show.colors(type = "shades", order.cols = TRUE)
+   # multiple shades

> show.colors(type = "gray", order.cols = TRUE)
+   # gray shades
```

下列是一些有關使用顏色的圖形參數：

- ▶ col   # 一般狀況之繪圖顏色設定

- ▶ col.axis   # 座標的顏色；內定是黑色

- ▶ col.lab   # 座標軸標記文字的顏色；內定是黑色

- ▶ col.main   # 主標題 (上標題) 的顏色；內定是黑色

- ▶ col.sub   # 副標題 (下標題) 的顏色；內定是黑色

- ▶ bg   # 背景顏色；內定是透明的

舉一個簡單的例子 (如圖 5.7.5)：

```
> windows(width = 4.5, height = 3.3, pointsize = 8)
> old.par <- par(bg = "lightyellow", col.main = "navy",
+    col.lab = "magenta", mex = 0.8,
+    mar = c(5, 5, 4, 3) + 0.1)

> plot(0:10, 0:10, pch = 16, col = rainbow(10),
+    main = "Main title", xlab = "X axis", ylab = "Y axis",
+    axes = FALSE)

> axis(side = 1, col = "black", col.axis = "red",
+    at = 0:10, label = LETTERS[1:11])
> axis(side = 2, col = "green", col.axis = "blue",
+    at = seq(from = 0, to = 10, by = 1))
> axis(side = 3, col = "black", col.axis = "magenta",
+    at = seq(from = 0, to = 8, by = 1))
> axis(side = 4, col = "green", col.axis = "gray",
+    at = seq(from = 2, to = 10, by = 2),
+    label = c(20, 40, 60, 80, 100))

> mtext(text = c("Bottom", "Left", "Top", "Right"),
+    side = 1:4, col = 1:4, line = -2)

> par(old.par)
```

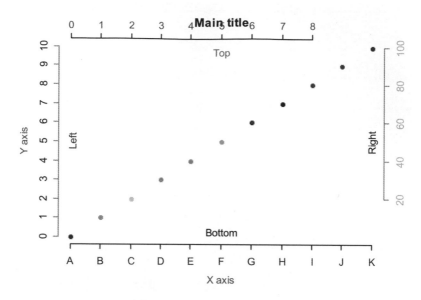

圖 5.7.5：顏色設定範例

在 gplots 這個套件中有許多繪圖工具及豐富多采的顏色可供選擇。要了解這個套件可以使用下列的指令：

```
> help(package = "gplots")
```

5.8 數學函數繪圖

最後我們介紹一個十分有用的繪圖函數 curve()。若我們知道一個函數的公式，則可以很輕易地畫出此函數的圖形。比方說，

$$f(x) = 0.01 \cdot x^3 \cos(x) - 0.2 \cdot x^2 \sin(x) + 0.05 \cdot x - 1.$$

我們可以使用下列的簡單指令來建構此函數，並繪出此函數的圖形 (如圖 5.8.1)：

```
> f <- function(x)  0.01 * x^3 * cos(x) - 0.2 * x^2 *
+          sin(x) + 0.05 * x - 1
```

```
> win.graph(width = 4.5, height = 3.3, pointsize = 8)
> old.par <- par(mex = 0.8, mar = c(5, 5, 4, 2) + 0.1)
> curve(f, from = -10, to = 10)
> par(old.par)
```

上面指令的意思是繪出 $[-10, 10]$ 之間函數的圖形。我們也可以使用下列之指令繪出此函數之圖形：

```
> plot(f, from = -10, to = 10)
```

或

```
> x0 <- seq(from = -10, to = 10, length = 1000)
> y0 <- f(x0)
> plot(x0, y0, type = "l", xlab = "x", ylab = "f(x)")
```

有關自訂函數的建構在第四章已有詳盡的描述。

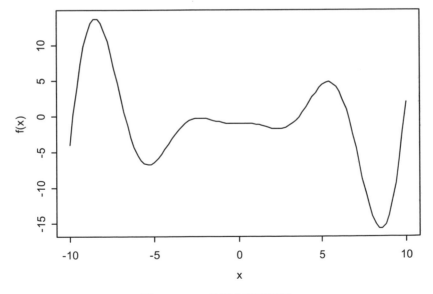

圖 5.8.1：函數繪圖範例一

若我們需要多一些點來繪圖的話，則可以使用下列的指令：

```
> curve(f, from = -10, to = 10, n = 1001)
```

若現在有另一個函數

$$g(x) = 10 \cdot \cos(x) \cdot \sin(x).$$

想要將 g 函數之圖形與和原來 f 函數之圖形畫在一起，則可以使用下列的指令 (如圖 5.8.2)：

```
> f <- function(x)  0.01 * x^3 * cos(x) - 0.2 * x^2 *
+           sin(x) + 0.05 * x - 1
> g <- function(x)  10 * cos(x) * sin(x)

> win.graph(width = 4.5, height = 3.3, pointsize = 8)
> old.par <- par(mex = 0.8, mar = c(5, 5, 4, 2) + 0.1)
> curve(f, from = -10, to = 10, lty = 1, col = "red",
+   ylab = "")
> curve(g, add = TRUE, lty = 2, col = "blue")
> legend("topright", legend = c("f", "g"), lty = 1:2,
+   col = c("red", "blue"))
> par(old.par)
```

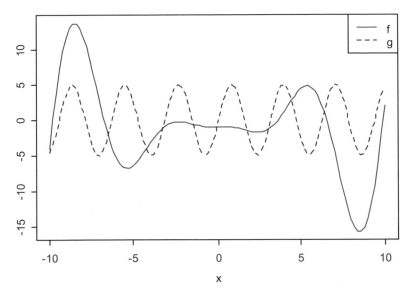

圖 5.8.2：函數繪圖範例二

5.9 習題

【習題 5.9.1】令 $B(x; r)$ 是代表以 x 為圓心，r 為半徑的圓 (實心圓)。試繪出下列集合之聯集 (union)：

$$B(5; 0) \bigcup B(3; 0) \bigcup B(1; 1) \bigcup B(2; 7).$$

請以灰階區分不同的圓。

【習題 5.9.2】定義如下之函數：

$$f(x) = \cos(x),\ g(x) = \sin(x),\ h(x) = \cos(x)\sin(-x).$$

請繪出 f, g, h 的圖形於同一張圖上。

【習題 5.9.3】請繪出如下之圖形 (圖 5.9.1)，其中

$$z_1 = -1.65, \ z_2 = 1.65, \ f(x) = \frac{1}{\sqrt{2\pi}} e^{\frac{-x^2}{2}}.$$

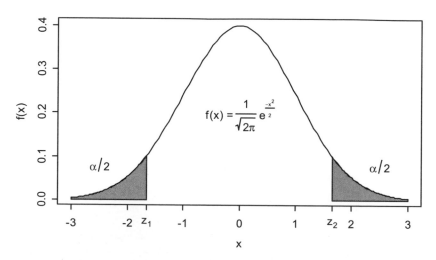

圖 5.9.1：習題 5.9.3 之圖形

【習題 5.9.4】考慮 cars{datasets} 這個資料集，其中 speed 是代表車子的速率 (橫軸，x)，dist 是代表車子的煞車距離 (縱軸，y)。線性 (linear)、二次 (quadratic)、及三次 (cubic) 多項式之最小平方回歸線分別為：

$$f_1(x) = -17.5791 + 3.9324x,$$
$$f_2(x) = 2.47014 + 0.91329x + 0.09996x^2,$$
$$f_3(x) = -19.50505 + 6.801111x - 0.34966x^2 + 0.01025x^3.$$

試繪出此資料及三條回歸線，如下圖 (圖 5.9.2)：

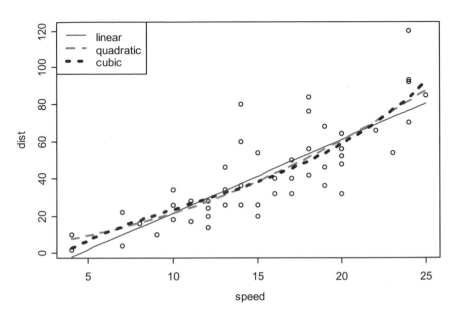

圖 5.9.2：習題 5.9.4 之圖形

【習題 5.9.5】考慮 iris{datasets} 這個資料集，是一些對鳶尾花 (或蝴蝶花) 的
一些量測數據，其中第一個變量 Sepal.Length 為花萼長度 (橫軸, x)，第二個變
量 Sepal.Width 為花萼寬度 (縱軸, y)，第五個變量 Species 為品種 (共有三種)。
試依不同品種繪出花萼長度及花萼寬度的資料，如下圖 (圖 5.9.3)：

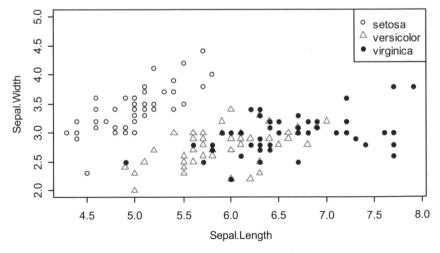

圖 5.9.3：習題 5.9.5 之圖形

【**習題** 5.9.6】考慮 iris{datasets} 這個資料集。令此資料集之前四行為 x1, x2, x3, x4，第五個變量 Species 為品種 (共有三種)。試依不同品種繪出 x1-x2，x2-x3, x3-x4, x4-x1 的資料圖形 (請畫為 2×2 的矩陣)。

【**習題** 5.9.7】考慮 Orange{datasets} 這個資料集。這是一個柳橙樹的生長數據，其中 Tree 是柳橙樹的編號 (共有 5 個)，age 是樹齡，circumference 是樹的周長。試依不同柳橙樹之編號繪出樹齡 (x 軸) 及周長 (y 軸) 的連線圖 (如圖 5.9.4)。

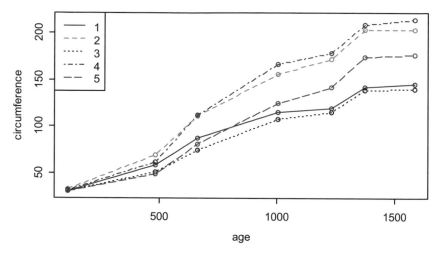

圖 5.9.4：習題 5.9.7 之圖形

探索資料圖形

　　拿到一些資料，通常第一件要做的事是利用各種簡單的指標及圖形來大致
了解給定資料一些可能的特性、特徵、或是規律性。這就是探索資料分析
(exploratory data analysis, EDA) 的範圍。

　　考慮 iris{datasets} 這個資料集，是對鳶尾花 (或蝴蝶花) 的一些量測數
據。我們先將其載入：

```
> data(iris)
```

接下來看一下簡要的內容：

```
> str(iris)

'data.frame':   150 obs. of  5 variables:
 $ Sepal.Length: num  5.1 4.9 4.7 ...
 $ Sepal.Width : num  3.5 3 3.2 ...
 $ Petal.Length: num  1.4 1.4 1.3..
 $ Petal.Width : num  0.2 0.2 0.2..
 $ Species: Factor w/3 levels "setosa","versicolor",..:
    1 1 1...
```

這是一個資料框，共有 5 個變量及 150 筆量測數據。5 個變量分別為花萼長
度、花萼寬度、花瓣長度、花瓣寬度、品種 (共有三種)。也可以看看更詳細的
一些摘要：

```
> summary(iris)

Sepal.Length      Sepal.Width    ...         Species
Min.   :4.300     Min.   :2.000  ... setosa    :50
1st Qu.:5.100     1st Qu.:2.800  ... versicolor:50
Median :5.800     Median :3.000  ... virginica :50
Mean   :5.843     Mean   :3.057  ...
3rd Qu.:6.400     3rd Qu.:3.300  ...
Max.   :7.900     Max.   :4.400
```

由上可知，在此共有三個品種且各有 50 筆數據。

要看看最前面的 5 筆資料可以使用下面的指令：

```
> head(iris, n = 5)

  Sepal.Length Sepal.Width ... Species
1          5.1         3.5 ... setosa
2          4.9         3.0 ... setosa
3          4.7         3.2 ... setosa
4          4.6         3.1 ... setosa
5          5.0         3.6 ... setosa
```

要看看最後面的 5 筆資料可以使用下面的指令：

```
> tail(iris, n = 5)

    Sepal.Length Sepal.Width ...    Species
146          6.7         3.0 ... virginica
147          6.3         2.5 ... virginica
148          6.5         3.0 ... virginica
149          6.2         3.4 ... virginica
150          5.9         3.0 ... virginica
```

若想知道品種為 "setosa" 的花萼長度數據可鍵入：

```
> iris[iris$Species == "setosa", 1]
```

或

```
> subset(iris, Species == "setosa", select = Sepal.Length)
```

若想知道品種為 "setosa" 的花萼長度與花萼寬度數據可鍵入：

```
> iris[iris$Species == "setosa", 1:2]
```

或

```
> subset(iris, Species == "setosa",
+    select = c(Sepal.Length, Sepal.Width))
```

6.1 一維資料

我們先以 iris{datasets} 這個資料框的第一行花萼長度之資料來做一維資料分析之範例：

```
> x <- iris[, 1]
```

首先來看看資料分佈之範圍：

```
> c(min(x), max(x))
[1] 4.3 7.9

> range(x)
[1] 4.3 7.9
```

需要更好的摘要可使用下列的指令：

```
> summary(x)
   Min. 1st Qu.  Median    Mean 3rd Qu.    Max.
  4.300   5.100   5.800   5.843   6.400   7.900
```

在上面的列印中，Min. 代表最小值，1st Qu. 代表第一四分位數 (first quartile) 或是 25% 分位數 (quantile) 或百分位數 (percentile)，Median 代表中位數 (即第二四分位數或是 50% 分位數)，Mean 代表樣本平均數 (sample mean)，3rd Qu. 代表第三四分位數或是 75% 分位數，Max. 代表最大值。我們也可以使用下列的指令：

```
> fivenum(x)  # Tukey's five number summary
[1] 4.3 5.1 5.8 6.4 7.9
```

這五個數字分別為最小值、第一四分位數、第二四分位數、第三四分位數、及最大值。

　　要了解一群數字之中心在那兒可以計算樣本平均數或是中位數：

```
> mean(x)
[1] 5.843333

> median(x)
[1] 5.8
```

我們也可以使用四分位 (數間) 距 (interquartile range)，即第一四分位數與第三四分位數之間距，來了解一群數字之中心部份：

```
> IQR(x)  # interquartile range
[1] 1.3
```

在某些情況下我們需要計算去掉某些較小值及較大值之後的平均數。比方說先去掉 10% 之較小值及較大值之後，再來求平均數。我們可以使用下列的指令：

```
> mean(x, trim = 0.1)
[1] 5.808333
```

要了解一群數字離中心點之集中程度可以計算樣本標準差：

```
> sd(x)
[1] 0.8280661
```

樣本標準差與樣本平均數之比值稱為變異係數 (coefficient of variation, CV)：

```
> cv <- sd(x) / mean(x)
> cv
[1] 0.1417113
```

請注意 CV 是一個沒有單位的數字。CV 值大代表資料的變化量是相對地大。

藉由一些有意義的圖形來了解資料之分佈是一個更直覺的作法。底下我們介紹一些常用來了解資料分佈的圖形。請參閱表 6.1.1。

表 6.1.1：一些一維資料的繪圖函數

method	in {graphics}	in {package}
scatterplot	plot	plot {lattice}
add regression line to plot	abline	
add reference line to plot	abline	
reference curve	curve	
box plot (box-and-whisker plot)	boxplot	bwplot {lattice}
histogram	hist	truehist {MASS} histogram {lattice}

method	in {graphics}	in {package}
stem-and-leaf plot	stem	stem.leaf {aplpack} slider.stem.leaf {aplpack}
strip chart	stripchart	stripplot {lattice}
kernel density estimator	density	densityplot {lattice} bkde {KernSmooth} locpoly {KernSmooth}
empirical cumulative distribution function	ecdf	
plot empirical CDF	plot.ecdf	
normal QQ plot	qqnorm	qqmath {lattice}
QQ normal reference line	qqline	
bar plot	barplot	barchart {lattice} barplot2 {gplots}
Cleveland dot plot	dotchart	dotplot {lattice}
pie chart	pie	
QQ plot	qqplot	qqmath {lattice} qq {lattice}

首先來看看 x 的盒鬚圖 (box plot) (如圖 6.1.1)：

```
> win.graph(width = 4.5, height = 2.8, pointsize = 8)
> old.par <- par(mfrow = c(1, 2), mex = 0.5,
+   mar = c(4, 4, 3, 2) + 0.1)

> boxplot(x)
> rug(x, side = 4)   # Add a rug to the plot.
> boxplot(x, horizontal = TRUE)
> rug(x, side = 1)

> par(old.par)
```

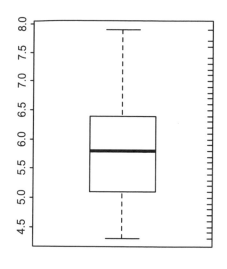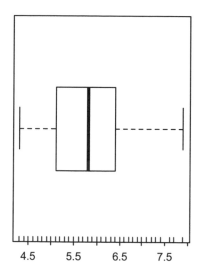

圖 6.1.1：盒鬚圖

在上面左圖長方盒部份，由下而上的三條線分別代表第一四分位數、第二四分位數或稱中位數 (粗線)、第三四分位數。若這個長方盒較小，則大部份資料較集中於中心點附近。在鬚鬚部份，最上面的那條線大約是最大值或是第三四分位數往上 1.5 倍四分位 (數間) 距之值；最下面的那條線亦同。若有某個資料點落在最下面或是最上面的線外面，則此資料點將可能視為離群值 (outlier)。在目前所考慮的資料並無離群值。由於上面 (或右邊) 鬚鬚比下面 (或左邊) 來得長許多，因此此資料之分佈是向右偏斜 (skewed to the right)，即資料分佈之長尾巴是在右邊。

接下來看看 x 的直方圖 (histogram) (如圖 6.1.2)：

```
> win.graph(width = 4.5, height = 2.8, pointsize = 8)
> old.par <- par(mfrow = c(1, 2), mex = 0.8,
+    mar = c(5, 5, 3, 1) + 0.1)

> hist(x, freq = TRUE, breaks = "Sturges")
> rug(x, side = 1)
> hist(x, prob = TRUE, breaks = "Sturges",
+   col = "lightblue", border = "magenta")
> rug(x, side = 1)
```

```
> par(old.par)
```

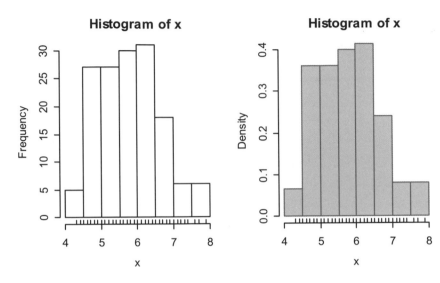

圖 6.1.2：直方圖

左邊圖形的縱座標是以數據落在某個區間 (bin) 之次數為數值，而右邊圖形的縱座標是以比率為數值。右邊圖形可以做為此資料機率密度函數 (probability density function, PDF) 的一個估測。由直方圖與盒鬚圖所得到在資料分佈的結論差不多。

請注意下面的兩個指令是一樣的：

```
hist(x, prob = TRUE, ...)
hist(x, freq = FALSE, ...)
```

在決定一個直方圖時一件很重要的事是區間大小 (binwidth) 或是那些斷點 (break points) 之設定。在上面的的函數 hist() 有三種方法可以選擇：

```
hist(x, prob = TRUE, breaks = "Sturges")
hist(x, prob = TRUE, breaks = "Scott")
hist(x, prob = TRUE, breaks = "Freedman-Diaconis")
```

內定的方法是 "Sturges"。詳情請參閱參考文獻 [Rizzo, 2008]。我們也可以直接
設定要 10 個區間：

```
hist(x, prob = TRUE, breaks = 10)
```

另外我們也可以直接設定斷點之位置：

```
hist(x, prob = TRUE, breaks = seq(from = 4, to = 8, by = 0.25))
```

我們也可以使用 truehist{MASS} 來繪出直方圖 (如圖 6.1.3)：

```
> library(MASS)

> win.graph(width = 4.5, height = 2.8, pointsize = 8)
> old.par <- par(mfrow = c(1, 2), mex = 0.8,
+   mar = c(5, 5, 3, 1) + 0.1)

> truehist(x, prob = FALSE, ylab = "Frequency",
+   main = "Histogram")
> truehist(x, prob = TRUE, ylab = "Density",
+   main = "Histogram")

> par(old.par)
```

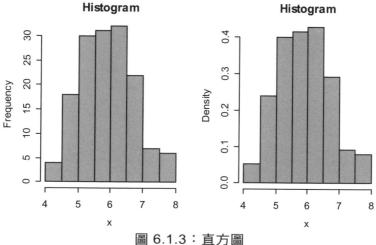

圖 6.1.3：直方圖

在 truehist() 中區間大小之決定方法 (nbins) 有 "Scott" 和 "Freedman-Diaconis"，並無 "Sturges"。

再來看看 x 的莖葉圖 (stem-and-leaf plot)：

```
> stem(x, scale = 0.5)

  The decimal point is at the |

  4 | 3444
  4 | 566667788888999999
  5 | 00000000001111111122223444444
  5 | 555555566666677777778888888999
  6 | 00000011111122223333333334444444
  6 | 555556677777778889999
  7 | 0122234
  7 | 677779
```

在上面的指令中，我們設定區間之大小為 0.5，數據出現幾次就寫幾次。比方說，4.4 這個數字出現了 3 次：

```
> sum(x == 4.4)
[1] 3
```

我們也可觀察到 x 之資料大部份集中於 5.0 ~ 6.5 之間。

接下來看看 x 的長條記錄圖 (strip chart) (我們使用了三種不同展示資料的方法) (如圖 6.1.4)：

```
> win.graph(width = 4.5, height = 3.3, pointsize = 8)
> old.par <- par(mex = 0.8, mar = c(5, 4, 3, 1) + 0.1)

> stripchart(x, method = "overplot", at = 0.7)
> text(6, 0.65, "overplot")
> stripchart(x, method = "stack", add = TRUE, at = 0.85)
> text(6, 0.8, "stack")
> stripchart(x, method = "jitter", add = TRUE, at = 1.2)
```

```
> text(6, 1.05, "jitter")
> title(main = "strip chart")

> par(old.par)
```

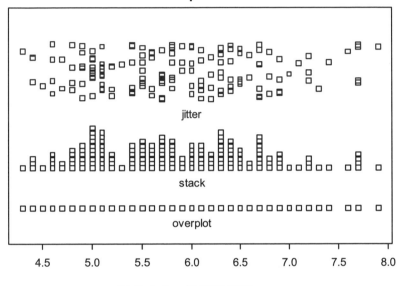

圖 6.1.4：長條記錄圖

由此圖可以很清楚地看出資料分佈之狀況。

假設我們將數據之範圍切為六等份，再來看看資料分佈在這六等份之分佈情況。我們可以使用圓餅圖 (pie chart) (如圖 6.1.5)：

```
> y <- cut(x, breaks = 6)
> z <- table(y)
> z
y
(4.3,4.9] (4.9,5.5] (5.5,6.1] (6.1,6.7] (6.7,7.3] (7.3,7.9]
       22        37        36        35        13         7

> windows(width = 4.5, height = 3.3, pointsize = 8)
> old.par <- par(mfrow = c(2, 2), mex = 0.2,
```

```
+    mar = c(3, 3, 3, 2) + 0.1)

> pie(z)   # default color
> pie(z, clockwise = TRUE)
> pie(z, col = terrain.colors(6))
> pie(z, col = gray(seq(from = 0.4, to = 1.0, length = 6)))

> par(old.par)
```

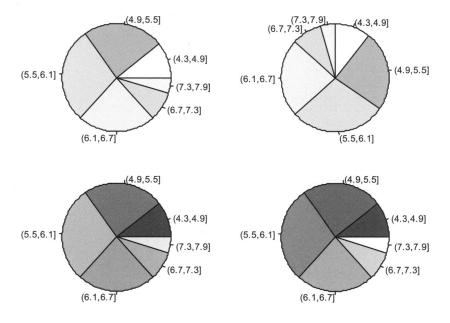

圖 6.1.5：圓餅圖

在上圖中，色塊愈大表示落於該等份之資料點愈多。

　　在前面曾提到過直方圖可以做為資料機率分佈的一個估測。事實上我們有更好的方式來估測資料機率分佈，這是屬於機率分佈估測 (density estimation) 之領域。我們可以用 density() 這個函數來求出一個核密度估計 (kernel density estimator, KDE) (如圖 6.1.6)：

```
> win.graph(width = 4.5, height = 2.8, pointsize = 8)
> old.par <- par(mfrow = c(1, 2), mex = 0.8,
+     mar = c(5, 4, 3, 1) + 0.1)

> plot(density(x), col = "red",
+     main = "Kernel density estimate")
> rug(x, side = 1)
> hist(x, prob = TRUE, breaks = "Sturges",
+     main = "Histogram and KDE")
> lines(density(x), col = "red")
> rug(x, side = 1)

> par(old.par)
```

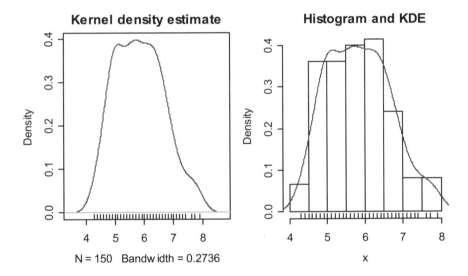

圖 6.1.6：核密度估計

在求 KDE 時，我們得先選定使用何種核函數 (kernel function) $K(\cdot)$ 及其帶寬 (bandwidth) h。假設我們有一組數據 $x_1, ..., x_n$，則 KDE 在 x 點之值為

$$\hat{f}_h(x) = \frac{1}{nh}\sum_{i=1}^{n} K\left(\frac{x-x_i}{h}\right).$$

常見的核函數有：

uniform (box, rectangular): $K(u) = \dfrac{1}{2} I\big(|u| \le 1\big)$

triangle: $K(u) = \big(1 - |u|\big) I\big(|u| \le 1\big)$

Epanechnikov: $K(u) = \dfrac{3}{4}\big(1 - u^2\big) I\big(|u| \le 1\big)$

quartic (biweight): $K(u) = \dfrac{15}{16}\big(1 - u^2\big)^2 I\big(|u| \le 1\big)$

triweight: $K(u) = \dfrac{35}{32}\big(1 - u^2\big)^3 I\big(|u| \le 1\big)$

cosine: $K(u) = \dfrac{\pi}{4}\cos\!\left(\dfrac{\pi}{2}u\right) I\big(|u| \le 1\big)$

Tukey-Hanning: $K(u) = \dfrac{1}{2}\big[1 + \cos(\pi u)\big] I\big(|u| \le 1\big)$

normal (Gaussian): $K(u) = \dfrac{1}{\sqrt{2\pi}}\exp\!\left(-\dfrac{1}{2}u^2\right)$

$$I\big(|u| \le 1\big) := \begin{cases} 1, & |u| \le 1, \\ 0, & |u| > 1. \end{cases}$$

在目前 R 中可以選擇的核函數為

```
kernel = c("gaussian", "epanechnikov", "rectangular",
"triangular", "biweight", "cosine", "optcosine")
```

內定的核函數為 "gaussian"。帶寬的設定參數是 bw。

　　我們可以將 density() 之結果存起來，試試下面的指令：

```
> f <- density(x)
> class(f)
> names(f)
```

```
> print(f)

> plot(f, type = "n")
> polygon(f, col = "wheat")
```

有關 KDE 更多的詳情可參閱參考文獻 [Härdle, Müller, Sperlich, and Werwatz, 2004][Rizzo, 2008]。

經驗累積分佈函數 (empirical cumulative distribution function, ECDF) 是累積分佈函數 (cumulative distribution function, CDF) 的一個估測 (詳見第七章)。以 x 為例 (如圖 6.1.7)：

```
> win.graph(width = 4.5, height = 3.3, pointsize = 8)
> old.par <- par(mex = 0.8, mar = c(5, 4, 3, 1) + 0.1)
> plot.ecdf(x)
> par(old.par)
```

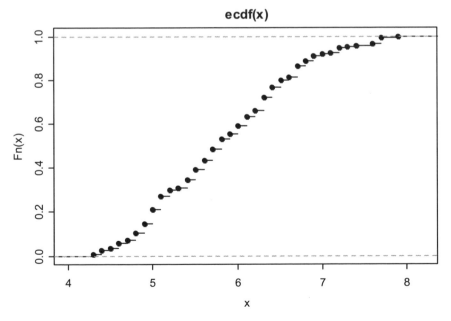

圖 6.1.7：經驗累積分佈函數

事實上 ECDF 本身也是一個 CDF。在 ECDF 的定義中, 每個資料點的機率質量皆相同。因此若某個資料點有重覆，則該點的機率質量就會累加。至於為何每條線段的最左邊皆有黑點是因為 ECDF (如同一般之 CDF) 是一個右連續函數 (right continuous function)。

我們可以將 ecdf() 之結果存起來，試試下面的指令：

```
> F <- ecdf(x)
> class(F)
> names(F)

> print(F)
> summary(F)

> plot(F)
```

要判斷我們是否可以合理地假設一組數據是來自常態分佈可以使用常態機率圖 (normal QQ plot, normal probability plot)。以 x 為例 (如圖 6.1.8)：

```
> win.graph(width = 4.5, height = 3.3, pointsize = 8)
> old.par <- par(mex = 0.8, mar = c(5, 4, 3, 1) + 0.1)
> qqnorm(x)
> qqline(x, col = "red", lwd = 2)
> par(old.par)
```

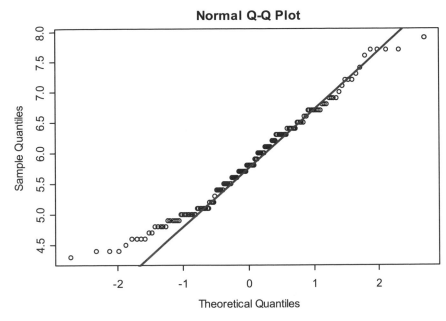

圖 6.1.8：常態機率圖

　　上圖之縱軸是給定數據之分位數，橫軸是常態分佈的分位數，而直線通過第一及第三四分位數。若絕大部份的點皆集中於這條線的附近，則我們可以合理地假設這一組數據是來自常態分佈。顯然上圖中之 x 並不是來自常態分佈。

　　考慮 VADeaths{datasets} 這個資料集。這組資料是在 1940 年美國維吉尼亞州死亡人數比率 (以千人為單位) 的統計資料。此資料以年齡層及居住於鄉村或城市之男女為分類的標準。我們先將其載入：

```
> data(VADeaths)
```

接下來看一下資料的內容：

```
> str(VADeaths)

num [1:5, 1:4] 11.7 18.1 26.9 41 66 8.7 11.7 ...
 - attr(*, "dimnames")=List of 2
  ..$ : chr [1:5] "50-54" "55-59" "60-64" "65-69" ...
  ..$ : chr [1:4] "Rural Male" "Rural Female"
```

```
                "Urban Male" "Urban Female"

> class(VADeaths)
[1] "matrix"

> VADeaths

      Rural Male Rural Female Urban Male Urban Female
50-54       11.7          8.7       15.4          8.4
55-59       18.1         11.7       24.3         13.6
60-64       26.9         20.3       37.0         19.3
65-69       41.0         30.9       54.6         35.1
70-74       66.0         54.3       71.1         50.0
```

我們可以使用長條圖 (bar plot) 來展示這組資料 (如圖 6.1.9)：

```
> names <- c("RM", "RF", "UM", "UF")
> colors <- c("lightblue", "mistyrose", "lightcyan",
+   "lavender", "cornsilk")

> windows(width = 4.5, height = 3.3, pointsize = 8)
> old.par <- par(mfrow = c(2, 2), mex = 0.8,
+   mar = c(3, 3, 3, 2) + 0.1)

> barplot(VADeaths, names.arg = names)
> barplot(VADeaths, names.arg = names, horiz = TRUE)
> barplot(VADeaths, names.arg = names, col = colors,
+   border = "blue")
> barplot(VADeaths, names.arg = names, col = colors,
+   border = "blue", space = 1.5)

> par(old.par)
```

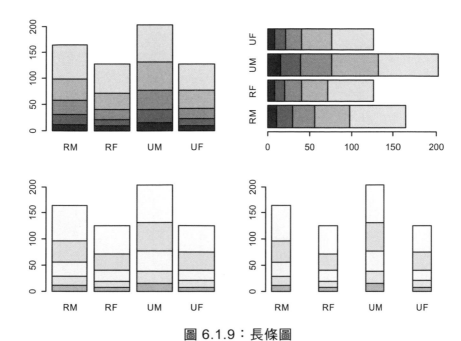

圖 6.1.9：長條圖

我們可以畫更棒一些的圖 (如圖 6.1.10)：

```
> win.graph(width = 4.5, height = 3.3, pointsize = 8)
> old.par <- par(mex = 0.8, mar = c(5, 4, 3, 1) + 0.1)

> barplot(VADeaths, beside = TRUE,
+   col = c("lightblue", "mistyrose", "lightcyan",
+   "lavender", "cornsilk"),
+   legend.text = rownames(VADeaths), ylim = c(0, 100))
> title(main = "Death Rates in Virginia", font.main = 4)

> par(old.par)
```

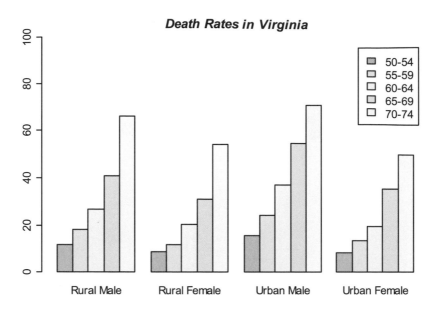

圖 6.1.10：更詳細的長條圖(一)

或是 (如圖 6.1.11)：

```
> win.graph(width = 4.5, height = 3.3, pointsize = 8)
> old.par <- par(mex = 0.8, mar = c(5, 4, 3, 1) + 0.1)

> barplot(t(VADeaths), beside = TRUE,
+   col = c("lightblue", "mistyrose", "lightcyan",
+   "lavender"), legend.text = rownames(t(VADeaths)),
+   ylim = c(0, 80), args.legend = list(x = "topleft"))
> title(main = "Death Rates in Virginia", font.main = 4)

> par(old.par)
```

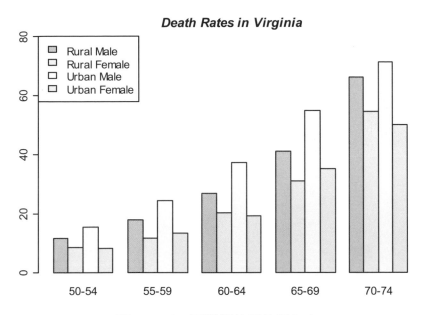

圖 6.1.11：更詳細的長條圖(二)

由圖中可看出不管是居住於鄉村或城市之男女，年齡層愈高死亡人數愈多；這沒什麼好驚訝的。不管是居住於鄉村或城市的男性似乎都比女性的死亡人數多，但在低年齡層這個情況較不明顯。

同樣的結論我們也可以使用點圖 (Cleveland dot plot) 得到 (如圖 6.1.12)：

```
> colnames(VADeaths) <- c("RM", "RF", "UM", "UF")

> win.graph(width = 4.5, height = 3.3, pointsize = 8)
> old.par <- par(mfrow = c(1, 2), mex = 0.8,
+   mar = c(5, 4, 3, 1) + 0.1)

> dotchart(VADeaths, xlim = c(0, 100), xlab =
+   "Deaths per 1000", main = "Death rates")
> dotchart(t(VADeaths), xlim = c(0,100), xlab =
+   "Deaths per 1000", main = "Death Rates")

> par(old.par)
```

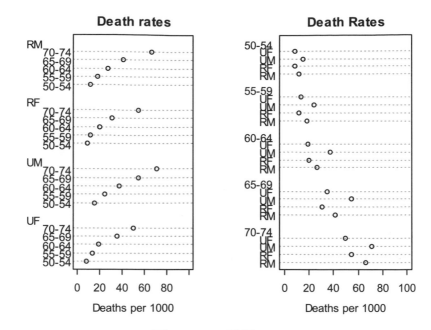

圖 6.1.12：點圖

考慮 warpbreaks{datasets} 這個資料集，是毛線在織布機編織過程中斷線的次數。我們先將其載入並看一下簡要的內容：

```
> data(warpbreaks)

> str(warpbreaks)

'data.frame':   54 obs. of  3 variables:
 $ breaks : num  26 30 54 25 70 52 51 26 67 18 ...
 $ wool   : Factor w/ 2 levels "A","B": 1 1 1 1 1 ...
 $ tension: Factor w/ 3 levels "L","M","H": 1 1 1 1 ...
```

這一個資料集共有 3 個變量及 54 筆量測數據。3 個變量分別為毛線斷線次數 (breaks)、毛線種類 (wool) (共有 AB 二種)、及張力 (tension) (共有 LMH 三種)。

假設我們想知道不同毛線種類之斷線次數可使用下列的指令：

```
> with(warpbreaks, tapply(breaks, INDEX = wool,
+   FUN = sum))
  A   B
838 682
```

假設我們想知道不同張力下之斷線次數可使用下列的指令：

```
> with(warpbreaks, tapply(breaks, INDEX = tension,
+   FUN = sum))
  L   M   H
655 475 390
```

假設我們想知道不同毛線種類及不同張力下之斷線次數可使用下列的指令：

```
> with(warpbreaks, tapply(breaks, INDEX =
+   list(wool, tension), FUN = sum))
    L   M   H
A 401 216 221
B 254 259 169
```

上面的結果也可以由下列的指令得到：

```
> xtabs(breaks ~ wool, data = warpbreaks)
> xtabs(breaks ~ tension, data = warpbreaks)
> xtabs(breaks ~ wool + tension, data = warpbreaks)
> ftable(xtabs(breaks ~ wool + tension,
+   data = warpbreaks))
```

我們可以繪出一些有關毛線斷線次數及其平均值之長條圖 (如圖 6.1.13)：

```
> t1 <- with(warpbreaks, tapply(breaks, INDEX =
+   list(wool, tension), FUN = sum))
> t2 <- with(warpbreaks, tapply(breaks, INDEX =
+   list(wool, tension), FUN = mean))
```

```
> win.graph(width = 4.5, height = 2.8, pointsize = 8)
> old.par <- par(mfrow = c(1, 2), mex = 0.8,
+   mar = c(5, 4, 3, 1) + 0.1)

> barplot(t1, beside = TRUE,
+   col = c("lightblue", "mistyrose"), main = "counts",
+   legend.text = rownames(t1), ylim = c(0, max(t1)))

> barplot(t2, beside = TRUE,
+   col = c("lightblue", "mistyrose"), main = "means",
+   legend.text = rownames(t2), ylim = c(0, max(t2)))

> par(old.par)
```

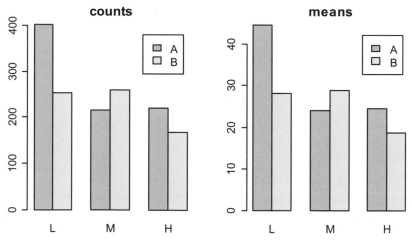

圖 6.1.13：長條圖

由上圖可知，在張力為中等 (M) 時，毛線 A 在斷線次數及其平均值皆比毛線 B 來得少。

現在來看看在不同毛線種類及不同張力下之斷線次數之圓餅圖 (如圖 6.1.14)：

```
> brks <- as.integer(xtabs(breaks ~ wool + tension,
+   data = warpbreaks))
> label <- c("AL", "BL", "AM", "BM", "AH", "BH")

> windows(width = 4.5, height = 2.8, pointsize = 8)
> old.par <- par(mfrow = c(1, 2), mex = 0.2,
+   mar = c(3, 3, 3, 2) + 0.1)

> pie(brks, label = label)
> pie(brks, label = label, col = gray(seq(from = 0.4,
+   to = 1.0, length = 8)))

> par(old.par)
```

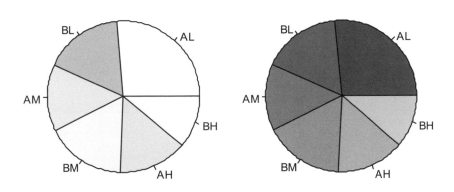

圖 6.1.14：圓餅圖

一般而言，長條圖比圓餅圖更容易展示出資料的特性。

6.2 多維資料

假設我們想觀察好幾個變量之間的關係。在 R 中提供了一些多維資料的
繪圖函數。請參閱表 6.2.1。

表 6.2.1：一些多維資料的繪圖函數

method	in {graphics}	in {package}
matrix of scatterplots (scatterplot matrix)	pairs	splom {lattice} clPairs {mclust} pairs2 {TeachingDemos}
3D scatterplot		cloud {lattice} scatterplot3d {scatterplot3d} plot3d {rgl}
perspective plot, surface plot	persp	wireframe {lattice} persp3d {rgl}
contour plot	contour image filled.contour contourLines {grDevices}	contourplot {lattice} levelplot {lattice}
2D kernel density estimator		bkde2D {KernSmooth}
2D histogram		hexbin {hexbin} hist2d {gplots}
mosaic plot	mosaicplot	
parallel coordinate plot		parallel {lattice} parcoord {MASS}
star plot	stars	
segment plot	stars	
interactive 3D graphics		{rggobi} {rgl}

　　若我們想看看 iris{datasets} 資料集中花萼長度、花萼寬度、花瓣長度、花瓣寬度彼此之間的關係可以使用二維的散點圖（散佈圖）矩陣 (scatterplot matrix)。吾人可以使用下面的指令 (如圖 6.2.1)：

```
> win.graph(width = 4.5, height = 3.3, pointsize = 8)
> old.par <- par(mex = 0.8, mar = c(5, 4, 3, 1) + 0.1)
> pairs(iris[, 1:4], panel = panel.smooth)
> par(old.par)
```

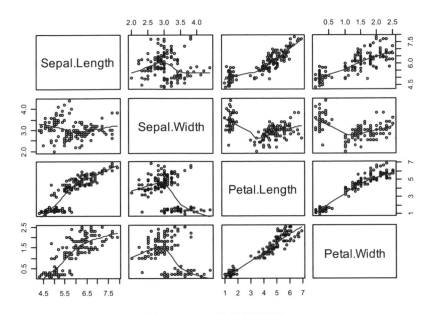

圖 6.2.1：散點圖矩陣

　　左下圖之橫座標為 Sepal.Length (花萼長度)，縱座標為 Petal.Width (花瓣寬度)。由上圖可發現 Petal.Length (花瓣長度) 與 Petal.Width (花瓣寬度) 似乎具有線性關係，但 Sepal.Length (花萼長度) 與 Sepal.Width (花萼寬度) 之間的關係顯得較為複雜。

　　上圖的對角線只放了變數名稱而已。在這些地方我們可以畫上該變量之直方圖及核密度估計等相關之圖形。但我們必須要定義一個繪圖函數才能繪圖 (如圖 6.2.2)：

```
> panel.hist <- function(x, ...) {
+   usr <- par("usr"); on.exit(par(usr))
+   par(usr = c(usr[1:2], 0, 1.5))
+   h <- hist(x, plot = FALSE)
```

```
+    breaks <- h$breaks; nB <- length(breaks)
+    y <- h$counts; y <- y / max(y)
+    rect(breaks[-nB], 0, breaks[-1], y, col = "cyan", ...)
+    lines(density(x, na.rm = TRUE), col = "red")
+}


> win.graph(width = 4.5, height = 3.3, pointsize = 8)
> old.par <- par(mex = 0.8, mar = c(5, 4, 3, 1) + 0.1)

> pairs(iris[, 1:4], panel = panel.smooth, pch = 1,
+    bg = "lightcyan", diag.panel = panel.hist,
+    font.labels = 2, cex.labels = 1.2)


> par(old.par)
```

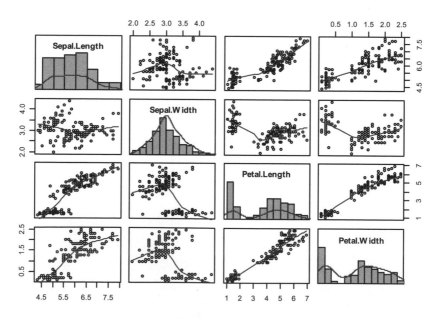

圖 6.2.2：散點圖矩陣(對角線有直方圖及核密度估計)

由於在 iris{datasets} 資料集中有三個品種，因此我們也希望在散點圖矩陣中顯現出來。我們可以使用下列的指令 (如圖 6.2.3)：

```
> win.graph(width = 4.5, height = 3.3, pointsize = 8)
> old.par <- par(mex = 0.8, mar = c(5, 4, 3, 1) + 0.1)
> pairs(iris[, 1:4], pch = c(1, 2, 4)[iris$Species],
+   col = c("red", "green", "blue")[iris$Species])
> par(old.par)
```

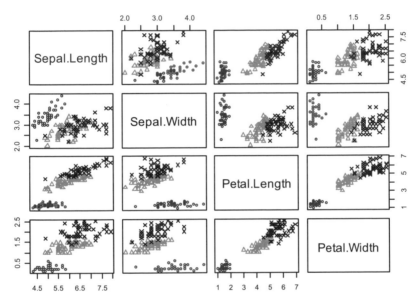

圖 6.2.3：散點圖矩陣(顯示不同品種)

若想以鳶尾花的品種為類別來看花萼長度、花萼寬度對花瓣長度、花瓣寬度的兩兩關係，則我們可以使用下面的指令 (如圖 6.2.4)：

```
> library(lattice)

> win.graph(width = 4.5, height = 3.3, pointsize = 8)
> old.par <- par(mex = 0.8, mar = c(5, 4, 3, 1) + 0.1)

> xyplot(Sepal.Length + Sepal.Width ~
```

```
+    Petal.Length + Petal.Width | Species,
+    data = iris, layout = c(2, 2),
+    scales = list(cex = 0.5, cex.lab = 0.5,
+    relation = "free"), auto.key = TRUE)

> par(old.par)
```

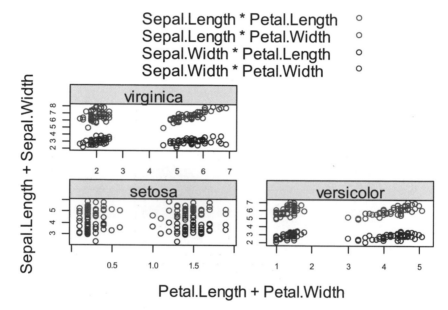

圖 6.2.4：散點圖矩陣(顯示兩兩關係)

　　要了解在第一個品種的鳶尾花中，花萼長度、花萼寬度、花瓣長度、花瓣寬度分佈的情形可以使用下面的指令 (如圖 6.2.5)：

```
> setosa <- iris[iris$Species == "setosa", 1:4]

> win.graph(width = 4.5, height = 3.3, pointsize = 8)
> old.par <- par(mex = 0.8, mar = c(5, 4, 3, 1) + 0.1)
> boxplot(setosa, names = c("sep.len", "sep.wid",
+    "pet.len", "pet.wid"), main = "Iris setosa")
> par(old.par)
```

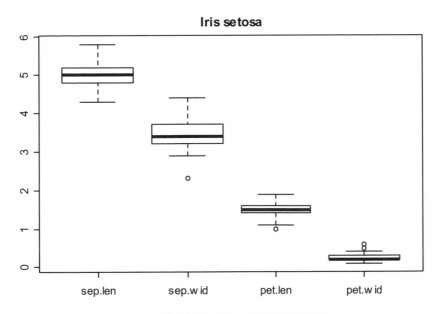

圖 6.2.5：盒鬚圖 (同一品種不同變量)

要了解花萼長度在三個不同品種的鳶尾花中如何分佈，我們可以使用下面的指令 (如圖 6.2.6)：

```
> win.graph(width = 4.5, height = 2.8, pointsize = 8)
> old.par <- par(mfrow = c(1, 2), mex = 0.5,
+     mar = c(5, 4, 4, 2) + 0.1)

> with(iris, boxplot(Sepal.Length ~ Species,
+     main = "Sepal length"))
> with(iris, boxplot(Sepal.Length ~ Species, notch = TRUE,
+     main = "Sepal length"))

> par(old.par)
```

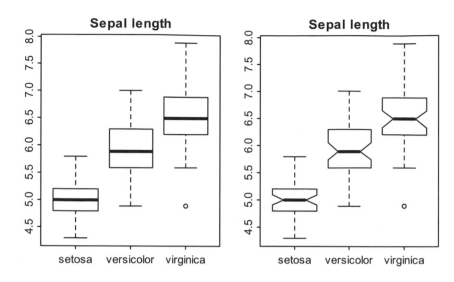

圖 6.2.6：盒鬚圖 (不同品種同一變量)

在上面右圖中，若兩個凹口並無重疊，則這是一個強烈的證據 (strong evidence) 顯示這兩個變量的中位數是不同的。由上圖中可看出有強烈的證據顯示三個變量的中位數是不同的。

我們可以將花萼長度依不同品種分為三群：

```
> sx <- with(iris, split(Sepal.Length, Species))
```

則上面的兩個盒鬚圖也可以使用下列的指令繪出：

```
> win.graph(width = 4.5, height = 2.8, pointsize = 8)
> old.par <- par(mfrow = c(1, 2), mex = 0.5,
+    mar = c(5, 4, 4, 2) + 0.1)

> boxplot(sx, main = "Sepal length")
> boxplot(sx, notch = TRUE, main = "Sepal length")

> par(old.par)
```

假設我們想看看鳶尾花之花萼長度及花萼寬度之間的關係。首先將花萼長度及花萼寬度依不同品種各分為三群：

```
> sx <- with(iris, split(Sepal.Length, Species))
> sy <- with(iris, split(Sepal.Width, Species))
```

我們可以畫出散點圖並加入最小平方回歸線 (least squares regression line) (如圖 6.2.7)：

```
> win.graph(width = 4.5, height = 3.3, pointsize = 8)
> old.par <- par(mex = 0.8, mar = c(5, 4, 3, 1) + 0.1)

> plot(NA, xlim = range(sx), ylim = range(sy), type = "n",
+    xlab = "x", ylab = "y")
> points(sx[[1]], sy[[1]], pch = 1, col = 1)
> points(sx[[2]], sy[[2]], pch = 2, col = 2)
> points(sx[[3]], sy[[3]], pch = 3, col = 3)
> for (i in 1:3) abline(lm(sy[[i]] ~ sx[[i]]), col = i)
> legend("topright", legend = c("setosa", "versicolor",
+    "virginica"), lty = 1, pch = 1:3, col = 1:3)

> par(old.par)
```

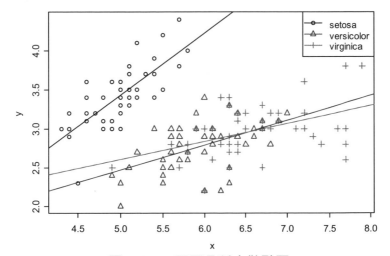

圖 6.2.7：不同品種之散點圖

我們也可以使用 xyplot{lattice} 畫出散點圖並加入最小平方回歸線 (如圖 6.2.8)：

```
> x <- iris[[1]]
> y <- iris[[2]]
> species <- iris[[5]]

> library(lattice)

> win.graph(width = 4.5, height = 3.3, pointsize = 8)
> old.par <- par(mex = 0.8, mar = c(5, 4, 3, 1) + 0.1)

> xyplot(y ~ x, groups = species, type = c("g", "p", "r"),
+   auto.key = TRUE)

> par(old.par)
```

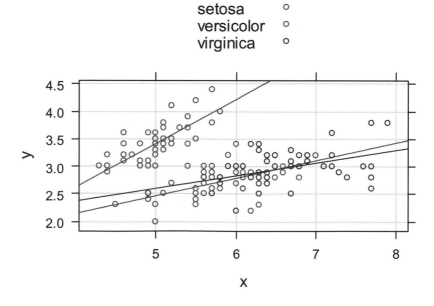

圖 6.2.8：不同品種之散點圖

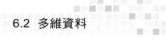

若我們想將上面的圖依不同品種分開來看，則我們可以使用下列的指令
(如圖 6.2.9)：

```
> win.graph(width = 4.5, height = 3.3, pointsize = 8)
> old.par <- par(mex = 0.8, mar = c(5, 4, 3, 1) + 0.1)

> xyplot(y ~ x | species, type = c("g", "p", "r"),
+    auto.key = TRUE)

> par(old.par)
```

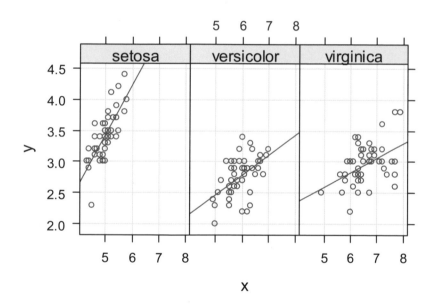

圖 6.2.9：依不同品種分開來看之散點圖

假設我們想看看鳶尾花之花萼長度及寬度之資料是否來自同一個機率分
佈。吾人可以使用 qqplot() 這個函數 (如圖 6.2.10)：

```
> x <- iris[[1]]
> y <- iris[[2]]

> win.graph(width = 4.5, height = 2.8, pointsize = 8)
> old.par <- par(mex = 0.8, mar = c(5, 4, 3, 1) + 0.1)
```

```
> qqplot(x, y)
> abline(a = 0, b = 1, col = "red")
> par(old.par)
```

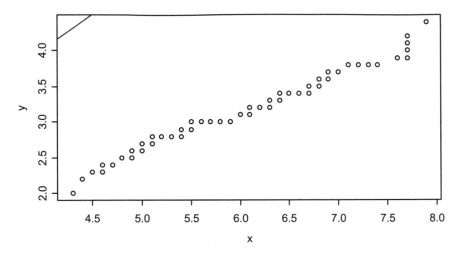

圖 6.2.10：分位數對分位數圖

在上圖中若絕大部份的點皆集中於直線 $y = x$ 的附近，則我們可以合理地假設這兩組數據是來自同一個機率分佈。顯然上圖中之 x 及 y 並不是來自同一個機率分佈。

接下來我們介紹透視圖 (perspective plot)。首先假設一個二維數學函數之公式為已知。比方說 $f(x, y)$ 是一個二維的 sinc 函數：

$$f(x, y) = \begin{cases} 10\sin\left(\sqrt{x^2 + y^2}\right)\Big/ \sqrt{x^2 + y^2}, & x^2 + y^2 > 0, \\ 1 & x^2 + y^2 = 0. \end{cases}$$

我們來畫此函數的透視圖 (如圖 6.2.11)：

```
> f <- function(x, y) { r <- sqrt(x^2 + y^2); 10 * sin(r) /
+   r }

> x <- seq(from = -10, to = 10, length = 50)
```

```
> y <- x
> z <- outer(x, y, f)
> z[is.na(z)] <- 1

> win.graph(width = 4.5, height = 2.8, pointsize = 8)
> old.par <- par(mfrow = c(1, 2), mex = 0.4,
+   mar = c(5, 4, 3, 1) + 0.1, bg = "white")

> persp(x, y, z, theta = 30, phi = 30, expand = 0.5,
+   col = "lightgreen")
> persp(x, y, z, theta = 30, phi = 30, expand = 0.5,
+   col = "lightblue", ltheta = 120, shade = 0.75,
+   ticktype = "detailed", xlab = "x", ylab = "y",
+   zlab = "f(x, y)")

> par(old.par)
```

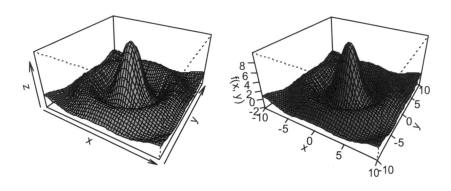

圖 6.2.11：函數之透視圖

　　由上面的透視圖我們可以清楚地了解此函數長得什麼樣子。各位可以試試下面這個指令：

```
> persp(x, y, z, theta = 30, phi = 30, expand = 0.5,
+   col = "lightgreen", box = FALSE)
```

我們也可以使用 wireframe{lattice} 這個函數來畫透視圖 (如圖 6.2.12)：

```
> library(lattice)

> f <- function(x, y) {
+   r <- sqrt(x^2 + y^2); 10 * sin(r) / r }

> y <- x <- seq(from = -10, to = 10, length = 50)

> h <- expand.grid(x = x, y = y)

> z <- f(h$x, h$y)
> z[is.na(z)] <- 1

> win.graph(width = 2.8, height = 2.8, pointsize = 8)
> old.par <- par(mex = 0.8, mar = c(5, 5, 3, 1) + 0.1)
> wireframe(z ~ h$x * h$y, xlab = "x", ylab = "y",
+   zlab = "f(x, y)")
> par(old.par)

> win.graph(width = 2.8, height = 2.8, pointsize = 8)
> old.par <- par(mex = 0.8, mar = c(5, 5, 3, 1) + 0.1,
+   cex.axis = 0.5)
> wireframe(z ~ h$x * h$y, xlab = "x", ylab = "y",
+   zlab = "f(x, y)", scales = list(arrows = FALSE),
+   light.source = c(10, 0, 10), col = "lightblue")
> par(old.par)
```

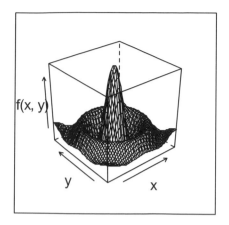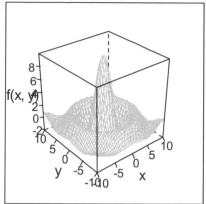

圖 6.2.12：函數之透視圖

讀者可以試試下面的這些指令：

```
> wireframe(z ~ h$x * h$y, xlab = "x", ylab = "y",
+   zlab = "f(x, y)", scales = list(arrows = TRUE),
+   shade = TRUE, light.source = c(10, 0, 10),
+   col = "lightblue")

> wireframe(z ~ h$x * h$y, xlab = "x", ylab = "y",
+   zlab = "f(x, y)", scales = list(arrows = FALSE),
+   shade = TRUE, light.source = c(10, 0, 10),
+   col = "lightblue", colorkey = TRUE)

> wireframe(z ~ h$x * h$y, xlab = "x", ylab = "y",
+   zlab = "f(x, y)", scales = list(arrows = FALSE),
+   shade = TRUE, light.source = c(10, 0, 10),
+   col = "lightblue", colorkey = TRUE,
+   drape = TRUE, screen = list(z = 30, x = -60))
```

若要將函數的透視圖看得更仔細，我們可以使用 persp3d{rgl} 這個繪圖函數：

```
> library(rgl)
```

```
> f <- function(x, y) {
+   r <- sqrt(x^2 + y^2); 10 * sin(r) / r }

> y <- x <- seq(from = -10, to = 10, length = 50)
> z <- outer(x, y, f)
> z[is.na(z)] <- 1

> persp3d(x, y, z, xlab = "x", ylab = "y",
+   zlab = "f(x, y)", col = "lightblue")
```

執行之後，螢幕上會出現一個新視窗 "RGL device1"，顯示 f 函數之透視圖。此時我們可以將此立體圖形以滑鼠左鍵控制往任意方向旋轉，這樣可以將此透視圖看透透！當轉到合適的透視角度時，使用者可以將游標移到 "R Console" 視窗再使用下列函數：

```
> rgl.snapshot("D:/Practical-R-Programming/R-Files/
+   persp1.png")
```

或

```
> snapshot3d("D:/Practical-R-Programming/R-Files/
+   persp2.png")
```

即可將該圖儲存到所指定的目錄底下。須注意的是目前僅提供 png 圖檔格式。

我們也可以將此立體圖形沿設定的方向自動旋轉：

```
> persp3d(x, y, z, xlab = "x", ylab = "y",
+   zlab = "f(x, y)", col = "lightblue")

> play3d(spin3d(axis = c(0, 0, 1), rpm = 8),
+   duration = 10)

> play3d(spin3d(axis = c(0, 1, 0), rpm = 8),
+   duration = 10)
```

```
> play3d(spin3d(axis = c(0, 1, 1), rpm = 8),
+   duration = 10)
```

　　接下來介紹如何繪製等高線圖 (contour)。我們可以使用 image() 及 contour() 來繪製等高線圖 (如圖 6.2.13)：

```
> f <- function(x, y) {
+   r <- sqrt(x^2 + y^2); 10 * sin(r) / r }

> x <- seq(from = -10, to = 10, length = 100)
> y <- x
> z <- outer(x, y, f)
> z[is.na(z)] <- 1

> win.graph(width = 4.5, height = 2.8, pointsize = 8)
> old.par <- par(mfrow = c(1, 2), mex = 0.5,
+   mar = c(5, 4, 3, 1) + 0.1)

> image(x, y, z, col = cm.colors(20))
> contour(x, y, z, add = TRUE)

> col <- gray(seq(from = 0.4, to = 1.0, length = 6))
> image(x, y, z, col = col)
> contour(x, y, z, add = TRUE)

> par(old.par)
```

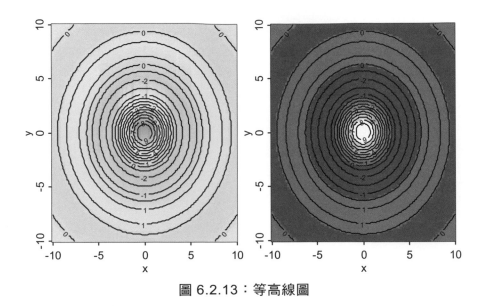

圖 6.2.13：等高線圖

若我們要特別顯示某些特定的等值線 (等高線)，可以使用下列的指令 (如圖 6.2.14)：

```
> win.graph(width = 4.5, height = 2.8, pointsize = 8)
> old.par <- par(mfrow = c(1, 2), mex = 0.5,
+    mar = c(6, 4, 3, 1) + 0.1)

> image(x, y, z, col = cm.colors(20))
> contour(x, y, z, levels = c(-5, -2, 0, 2, 5),
+    lwd = c(1, 1, 2, 1, 1), add = TRUE)

> image(x, y, z, col = cm.colors(20))
> contour(x, y, z, levels = 0, lwd = 2, add = TRUE)

> par(old.par)
```

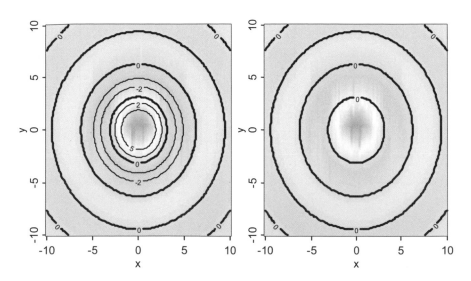

圖 6.2.14：等高線圖(特定的等值線)

我們也可使用 filled.contour() 繪圖函數 (如圖6.2.15)：

```
> win.graph(width = 2.8, height = 2.5, pointsize = 8)
> old.par <- par(mex = 0.8, mar = c(3, 3, 2, 1) + 0.1)
> filled.contour(x, y, z)
> par(old.par)

> win.graph(width = 2.8, height = 2.5, pointsize = 8)
> old.par <- par(mex = 0.8, mar = c(3, 3, 2, 1) + 0.1)
> filled.contour(x, y, z, levels = c(-5, -2, 0, 2, 5),
+    lwd = c(1, 1, 2, 1, 1))
> par(old.par)
```

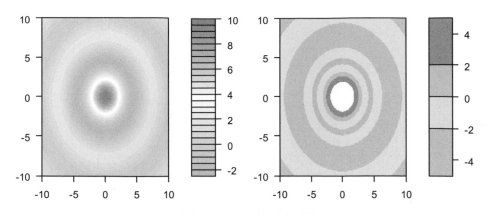

圖 6.2.15：等高線圖

現在我們來介紹如何繪製三維的散點圖 (散佈圖)。我們以 iris{datasets} 資料集之前三個變量 (即花萼長度、花萼寬度、花瓣長度) 為例子。

```
> data(iris)

> x <- iris[, 1]
> y <- iris[, 2]
> z <- iris[, 3]
```

我們可以使用 cloud{lattice} 繪製三維的散點圖 (如圖 6.2.16)：

```
> library(lattice)

> win.graph(width = 2.8, height = 2.8, pointsize = 8)
> old.par <- par(mex = 0.8, mar = c(5, 4, 3, 1) + 0.1)

> cloud(z ~ x * y, groups = iris$Spieces, pch = 1:3,
+   col = 1:3, scales = list(arrows = FALSE),
+   light.source = c(10, 0, 10))

> par(old.par)

> win.graph(width = 2.8, height = 2.8, pointsize = 8)
> old.par <- par(mex = 0.8, mar = c(5, 4, 3, 1) + 0.1)
```

```
> cloud(z ~ x * y, groups = iris$Spieces, pch = 1:3,
+   col = 1:3, scales = list(arrows = FALSE),
+   light.source = c(10, 0, 10), shade = TRUE,
+   colorkey = TRUE)

> par(old.par)
```

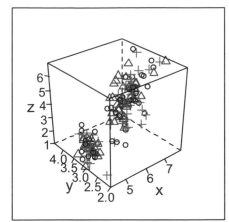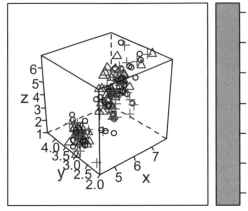

圖 6.2.16：三維的散點圖

我們也可以使用 scatterplot3d{scatterplot3d} 來繪製三維的散點圖 (如圖 6.2.17)：

```
> library(scatterplot3d)

> win.graph(width = 4.5, height = 2.5, pointsize = 8)
> old.par <- par(mfrow = c(1, 2), mex = 0.5,
+   mar = c(5, 5, 3, 1) + 0.1)

> scatterplot3d(x, y, z, xlab = "x", ylab = "y",
+   zlab = "z", angle = 30, y.margin.add = 0.1,
+   scale.y = 0.7, pch = c(1, 2, 3)[iris$Species],
+   color = c("red", "green", "blue")[iris$Species])
```

```
> scatterplot3d(x, y, z, xlab = "x", ylab = "y",
+   zlab = "z", type = "h", angle = 30, y.margin.add = 0.1,
+   scale.y = 0.7, pch = c(1, 2, 3)[iris$Species],
+   color = c("red", "green", "blue")[iris$Species])

> par(old.par)
```

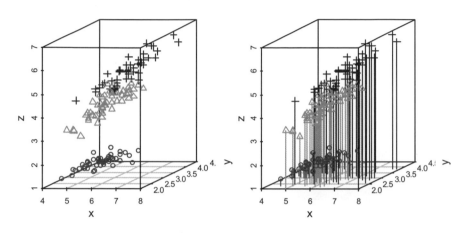

圖 6.2.17：三維的散點圖

　　若要將三維的散點圖看得更仔細，我們可以使用 plot3d{rgl} 這個繪圖函數：

```
> library(rgl)

> plot3d(x, y, z, pch = c(1, 2, 3)[iris$Species],
+   col = c("red", "green", "blue")[iris$Species])
```

螢幕上會出現三維的散點圖。此時我們可以將此立體圖形以滑鼠左鍵控制往任意方向旋轉。這樣可以將此三維的散點圖看透透！我們也可以將此立體圖形沿設定的方向自動旋轉：

```
> plot3d(x, y, z, pch = c(1, 2, 3)[iris$Species],
+   col = c("red", "green", "blue")[iris$Species])
```

```
> play3d(spin3d(axis = c(0, 0, 1), rpm = 8),
+    duration = 10)

> play3d(spin3d(axis = c(0, 1, 0), rpm = 8),
+    duration = 10)

> play3d(spin3d(axis = c(0, 1, 1), rpm = 8),
+    duration = 10)
```

　　考慮 pig.weight{SemiPar} 這個資料集，是 48 頭豬養了 9 個星期之體重紀錄。我們先將其載入：

```
> data(pig.weights, package = "SemiPar")
```

接下來看一下簡要的內容：

```
> str(pig.weights)

'data.frame':    432 obs. of  3 variables:
 $ id.num   : int  1 1 1 1 1 1 1 1 1 2 ...
 $ num.weeks: int  1 2 3 4 5 6 7 8 9 1 ...
 $ weight   : num  24 32 39 42.5 48 54.5 61 65 72 22.5 ...
```

我們可以依豬的編號及第幾個星期將上面的數據整理成一個列聯表 (contingency table)：

```
> xtabs(weight ~ id.num + num.weeks, data = pig.weights)

      num.weeks
id.num    1    2    3    4    5    6    7    8    9
     1  24.0 32.0 39.0 42.5 48.0 54.5 61.0 65.0 72.0
     2  22.5 30.5 40.5 45.0 51.0 58.5 64.0 72.0 78.0
     .......
    47  29.5 37.0 46.0 52.5 60.0 67.5 76.0 81.5 88.0
    48  28.5 36.0 42.5 49.0 55.0 63.5 72.0 78.5 85.5
```

或使用下面的指令：

```
> ftable(xtabs(weight ~ id.num + num.weeks,
+   data = pig.weights))
```

要了解每頭豬體重之變化情形，我們可以使用下列的指令 (如圖 6.2.18)：

```
> win.graph(width = 4.5, height = 3.3, pointsize = 8)
> old.par <- par(mex = 0.8, mar = c(5, 4, 3, 1) + 0.1)

> plot(weight ~ num.weeks, data = pig.weights)
> for (i in 1:48) lines(weight ~ num.weeks,
+   subset(pig.weights, id.num == i), col = i)

> par(old.par)
```

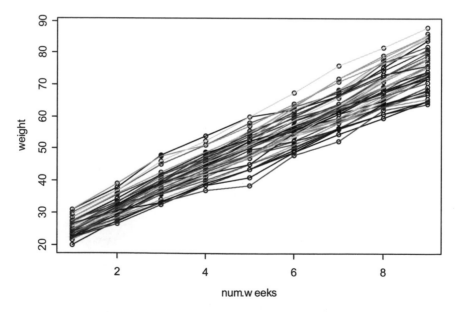

圖 6.2.18：每頭豬體重變化之時間序列圖

上面這張圖也可以使用下列的指令得到：

```
> library(lattice)

> xyplot(weight ~ num.weeks, data = pig.weights,
+   groups = id.num, type = "b")
```

或使用下列的指令得到：

```
> library(nlme)
> pig.growth <- groupedData(weight ~ num.weeks | id.num,
+   data = pig.weights)
> class(pig.growth)
> plot(pig.growth, outer = ~1, key = FALSE)

> plot(pig.growth, outer = ~1, key = TRUE)
```

若想一頭一頭豬來看體重之變化並個別加入最小平方回歸線，則我們可以使用下列的指令 (如圖 6.2.19)：

```
> win.graph(width = 5.2, height = 3.3, pointsize = 8)
> old.par <- par(mex = 0.8, mar = c(5, 4, 3, 1) + 0.1)
> xyplot(weight ~ num.weeks | id.num, data = pig.weights,
+   type = c("b", "g", "p", "r"), scales =
+   list(cex = 0.5, cex.axis = 0.5, cex.lab = 0.5),
+   auto.key = TRUE)
> par(old.par)
```

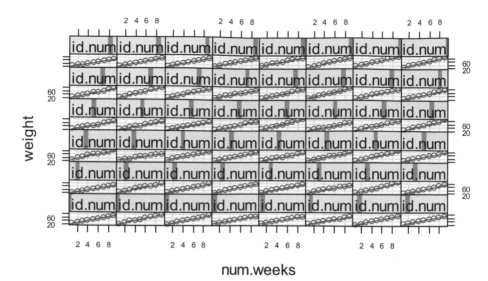

圖 6.2.19：48 頭豬個別體重變化之時間序列圖

上面這張圖也可以使用下列的指令得到：

```
> plot(pig.growth, pch = 16)
```

6.3 習題

【習題 6.3.1】考慮 iris{datasets} 這個資料集的第二個變量 x，即花萼寬度 (Sepal.Width)。

(1) 計算其樣本平均數及樣本標準差。

(2) 請使用 bwplot{lattice} 繪出盒鬚圖。

(3) 請使用 histogram{lattice} 繪出直方圖。

(4) 請繪出長條記錄圖。

【習題 6.3.2】考慮 co2{datasets} 這個資料集。這是一個大氣中二氧化碳濃度之時間序列數據。

(1) 請使用 stem() 繪出莖葉圖。

(2) 請使用 stem.leaf{aplpack} 繪出莖葉圖。

【習題 6.3.3】考慮 iris{datasets} 這個資料集的第二個變量 x，即花萼寬度。請使用下列函數繪出核密度估計，其中 bw = 0.12。

(1) 請使用 density() 繪出核密度估計。

(2) 請使用 densityplot{lattice} 繪出核密度估計。

(3) 請使用 bkde{KernSmooth} 繪出核密度估計。

(4) 請使用 locpoly{KernSmooth} 繪出核密度估計。

(5) 請繪出常態機率圖，並判斷我們是否可以合理地假設 x 是來自常態分佈？

【習題 6.3.4】考慮 CO2{datasets} 這個資料集，是禾本科植物對二氧化碳攝取的數據。

(1) 請展示不同植物品種發源地 (Type) 及處理方式 (Treatment) 對攝取量 (uptake) 之資料分佈。可以使用 dotplot {lattice}。

(2) 請繪出不同原品種及處理方式對攝取量總量之長條圖。

(3) 請繪出不同原品種及處理方式對攝取量平均值之長條圖。

(4) 請以 barplot2{gplots} 繪出 (2) 及 (3) 之長條圖。

(5) 請繪出 (2) 及 (3) 之點圖。

【習題 6.3.5】考慮 Orange{datasets} 這個資料集。這是一個柳橙樹的生長數據。

(1) 請依不同柳橙樹 (Tree) 繪出周長 (circumference) 和樹齡 (age) 之散點圖矩陣。

(2) 請以 splom{lattice} 繪出 (1) 之散點圖矩陣。

(3) 請以 clPairs{mclust} 繪出 (1) 之散點圖矩陣。

(4) 請依不同柳橙樹個別繪出周長和樹齡之散點圖,並加入最小平方回歸線。
可以使用 xyplot{lattice}。

【習題 6.3.6】考慮 chickwts{datasets} 這個資料集。我們想了解小雞重量
(weight) 如何依不同之補充食品 (feed) 而有不同的分佈。

(1) 請使用 boxplot() 繪出盒鬚圖。

(2) 請使用 bwplot{lattice} 繪出盒鬚圖。

【習題 6.3.7】定義一個二維的函數 $f(x, y)$ 如下:

$$f(x, y) = \begin{cases} (x+y)(1 - x^2 - y^2), & x^2 + y^2 < 1, \\ 1 & x^2 + y^2 \geq 1. \end{cases}$$

(1) 請繪出此函數的透視圖。

(2) 請以 persp3d{rgl} 將此函數的透視圖旋轉看看。

(3) 請繪製此函數的等高線圖 (等值線)。

【習題 6.3.8】考慮 trees{datasets} 這個資料集。繪製三維的散點圖。

【習題 6.3.9】考慮 iris{datasets} 這個資料集的第二個變量 x,即花萼寬度。在
此習題中我們介紹一個很棒的教學投影片展示,所使用的是 slider
{TeachingDemos} 這個函數。在繪製一個直方圖時,原點 (origin) 及區間大小
(binwidth) 之設定是很重要的。當這些已經決定了,則斷點 (break points) 也就
決定了。在使用核密度估計 KDE 時,帶寬 (bandwidth) 的大小是很重要的。讀
者可以執行下列的指令來了解原點及區間大小對直方圖之影響,還有帶寬如何
影響核密度估計。您可以用滑鼠左鍵設定各個參數之數值。

```
x <- iris[, 2]

library(tcltk)
```

```
library(TeachingDemos)

breaks <- function(x, x0, h) {
    b <- floor((min(x) - x0) / h) : ceiling((max(x) - x0) / h)
    b <- b * h + x0
    return(b)
}

xr <- range(x)
xd <- diff(xr)

xr[1] <- min(x) - xd / 5
xr[2] <- max(x) + xd / 5
xd <- diff(xr)

hist.kde.refresh <- function(...) {
    breaks <- breaks(xr, slider(no = 1), slider(no = 2))
    hist(x, prob = TRUE, breaks = breaks,
    main = "Histogram and KDE", xlab = "x", ylab = "Density", xlim = xr)
    rug(x, col = "blue")
    lines(density(x, bw = slider(no = 3)), col = "red")
}

slider(sl.functions = hist.kde.refresh,
    sl.names = c("Origin", "Binwidth", "Bandwidth"),
    sl.mins = c(xr[1], xd / 1000, 0.001),
    sl.maxs = c(xr[2], xd / 2, 1),
    sl.deltas = c(xd / 100, xd / 100, 0.01),
    sl.defaults = c(0, xd / 10, xd / 10),
    title = "Histogram and KDE parameters")
```

您觀察到那些現象？

【習題 6.3.10】在此習題中我們將以教學投影片展示在不同的帶寬 (bandwidth) 的大小及樣本大小 (sample size) 如何影響核密度估計 KDE 中之各個分量及最後之合成核密度估計。我們仍然使用 slider{TeachingDemos} 這個函數。在底下之示範中，我們所使用之隨機樣本是來自標準常態分佈 $N(0,1)$。讀者可以執行下列的指令並以滑鼠左鍵設定各個參數之數值。

```r
library(tcltk)
library(TeachingDemos)

kde.refresh <- function(...) {

    h <- slider(no = 1)  # bandwidth
    n <- slider(no = 2)  # sample size
    set.seed(1)
    x <- rnorm(n)

    xd <- diff(range(x))
    ng <- 100
    xg <- (xd + 7 * h) * (0:(ng-1)) / (ng - 1) + min(x) - 3.5 * h

    fk <- matrix(0, nrow = ng, ncol = n)
    for (j in 1:n) { fk[, j] <- dnorm((xg - x[j]) / h) / (n * h) }
    fh <- rowSums(fk)

    ylim <- c(-0.1 * max(fh), max(fh))
    plot(xg, fh, type = "l", lwd = 2, ylim = ylim,
            main = paste("Components of kernel density estimate \n bandwidth = ", h, ",
                        ", "sample size = ", n, sep = ""), xlab = "x", ylab = "")
    points(cbind(x, rep(-0.05 * max(fh), n)), col = "red", pch = 3)
    for (j in 1:n) { lines(xg, fk[, j], col = "blue") }
}

slider(sl.functions = kde.refresh,
    sl.names = c("Bandwidth", "Sample size"),
    sl.mins = c(0.01, 1),
    sl.maxs = c(2, 100),
    sl.deltas = c(0.01, 1),
    sl.defaults = c(0.25, 10),
    title = "KDE construction parameters")
```

chapter

7

隨機樣本

在這一章我們首先介紹何謂隨機變數及其機率分佈；更重要的是如何產生一個隨機樣本。接著我們介紹機率分佈的混合，再來介紹十分有用的蒙第卡羅法及蒙第卡羅積分。

7.1 隨機變數

假設一個變數 X 之數值無法事先預知，但其為某個數值或數值介於某個區間的機會 (chance) 或機率 (probability) 是確定的，則此變數稱為一個隨機變數 (random variable)。隨機變數基本上可分為離散型隨機變數 (discrete random variable) 及連續型隨機變數 (continuous random variable)。

一個離散型隨機變數之數值個數是有限的 (finite) 或是可數的 (countable)，其機率分佈 (函數) 稱為機率質量函數 (probability mass function, PMF)。假設 X 所有可能得到的數值為 $x_1, x_2, \ldots$ 且其機率各為

$$f(x_1) = P(X = x_1) = p_1, \; f(x_2) = P(X = x_2) = p_2, \ldots.$$

則此函數即為 X 之機率質量函數。

假設我們投擲一個骰子 (die)，令 X 代表出現於上面之點數。假設 P 代表機率函數且出現 1, ..., 6 的機率為

$$f(1) = P(X = 1) = 1/6, \; f(2) = P(X = 2) = 1/12,$$

$$f(3) = P(X = 3) = 1/12 , \; f(4) = P(X = 4) = 1/6 ,$$
$$f(5) = P(X = 5) = 1/6 , \; f(6) = P(X = 6) = 1/3 .$$

由於在未投擲之前我們並不知道會得到什麼點數，而且所出現點數的個數是有限個，因此 X 是一個離散型隨機變數。上面所定義的機率函數就是此隨機變數的機率質量函數。請注意機率質量函數之值 $f(\cdot)$ 是真正的機率值，且這些機率值必須滿足下列的條件：

$$\sum_i p_i = 1 , \; 0 \le p_i \le 1 , \; i = 1, 2, \dots .$$

一個連續型隨機變數之數值個數是無限不可數的 (uncountably infinite)，其機率分佈(函數)稱為機率密度函數 (probability density function, PDF)。

假設 X 是我們隨意由區間 $[0, 5]$ 選取的一個實數，則我們可能取到的數是所有介於 0 到 5 之間的實數，因此個數為無限不可數的。再者由於在未取出數字之前我們並不知道會得到什麼數，因此 X 是一個連續型隨機變數。假設取出數字落在同樣長短區間的機率是相同的，則 X 的機率密度函數是一個均勻分佈 (uniform distribution)，定義如下：

$$f(x) = 1/2 , \; x \in [0, 5].$$

請注意機率密度函數之值 $f(\cdot)$ 並不是真正的機率值，但這些值必須滿足下列的條件：

$$\int_{-\infty}^{\infty} f(x)dx = 1 , \; f(x) \ge 0 , \; x \in \Re .$$

隨機變數 X 之值落在區間 $[a, b]$ 的機率為

$$P(X \in [a, b]) = \int_a^b f(x)dx .$$

因此隨機變數 X 為某一特定數值之機率為 0，比方說

$$P(X = 2.3) = \int_{2.3}^{2.3} f(x)dx = 0 .$$

假設 X 是一個隨機變數，P 代表機率函數且 $f(\cdot)$ 是 PMF 或是 PDF，則此隨機變數之累積分佈函數 (cumulative distribution function, CDF) 定義如下：

$$F(x) = P(X \le x),\ x \in \Re .$$

若 X 是一個離散型隨機變數，則

$$F(x) = \sum_{x_i \le x} p_i = \sum_{x_i \le x} f(x_i) .$$

這是一個由 0 上升至 1 的階梯函數，且上升點正是那些 x_i。若 X 是一個連續型隨機變數，則

$$F(x) = \int_{-\infty}^{x} f(t)dt .$$

這是一個由 0 上升至 1 的遞增函數 (increasing function)。知道一個隨機變數和知道其機率函數或是累積分佈函數是一樣的事情。

假設 X_1, X_2, ..., X_n 是一序列的隨機變數，且它們彼此獨立並具有完全相同的機率分佈 $f(\cdot)$，則我們稱它們為具機率分佈 $f(\cdot)$ 的隨機樣本 (random sample)。在統計計算 (statistical computing) 中如何由各種機率分佈產生一些隨機樣本是一件很重要的事。

在 R 中已有許多建構好有關各種機率分佈的函數。有關各種單變數的機率分佈請參考表 7.1.1，多變數的機率分佈請參考表 7.1.2。有關機率理論請參閱參考文獻[Bertsekas and Tsitsiklis, 2002][Baclawski, 2008][Ross, 2007]；有關

統計理論請參閱參考文獻[Hogg, McKean, and Craig, 2012][Tanis and Hogg, 2008][Triola, 2012][Montgomery, Peck, and Vining, 2006]。

表 7.1.1：單變數的機率分佈

Distribution	PMF or PDF	Generator	Parameter(s)
beta	dbeta	rbeta	shape1, shape2
binomial (including Bernoulli)	dbinom	rbinom	size, prob
Cauchy	dcauchy	rcauchy	location, scale
chi-squared	dchisq	rchisq	df
exponential	dexp	rexp	rate
F	df	rf	df1, df2
gamma	dgamma	rgamma	shape, rate or scale
geometric	dgeom	rgeom	prob
hypergeometric	dhyper	rhyper	m, n, k
logistic	dlogis	rlogis	location, scale
lognormal	dlnorm	rlnorm	meanlog, sdlog
negative binomial	dnbinom	rnbinom	size, prob
normal	dnorm	rnorm	mean, sd
Poisson	dpois	rpois	lambda
Student's t	dt	rt	df
uniform	dunif	runif	min, max
Weibull	dweibull	rweibull	shape, scale

表 7.1.2：多變數的機率分佈

Distribution	PMF or PDF	Generator	Parameter(s)
Dirichlet	rdirichlet	rdirichlet	alpha
multinomial	dmultinom	rmultinom	size, prob

Distribution	PMF or PDF	Generator	Parameter(s)
multivariate normal	dmvnorm {mvtnorm} dmnorm {LearnBayes}	mvrnorm {MASS} rmvnorm {mvtnorm} rmnorm {LearnBayes}	mu, Sigma mean, sigma mean, varcov

　　一般來說，對同一個機率分佈會有以 p, d, q, r 為字首的函數可供使用。p 是代表累積分佈函數 (CDF)，d 是代表機率質量函數 (PMF) 或機率密度函數 (PDF)，q 是代表分位數 (quantile) 或是百分位數 (percentile)，r 是代表隨機樣本或是亂數 (random numbers)。

　　考慮具標準常態分佈 (standard normal distribution) 或稱單位常態分佈 (unit normal distribution) $N(0, 1)$ 的隨機變數 X。其機率密度函數 PDF 及累積分佈函數 CDF 定義如下：

$$f(x) = \frac{1}{\sqrt{2\pi}} \exp\left(-\frac{x^2}{2}\right), \ -\infty < x < \infty,$$

$$F(x) = \Phi(x) = \frac{1}{\sqrt{2\pi}} \int_{-\infty}^{x} e^{-t^2/2} dt, \ -\infty < x < \infty.$$

來看看這兩個函數的圖形 (如圖 7.1.1)：

```
> win.graph(width = 4.5, height = 2.5, pointsize = 8)
> old.par <- par(mfrow = c(1, 2), mex = 0.8,
+    mar = c(5, 4, 3, 1) + 0.1)
> curve(dnorm, from = -5, to = 5, ylab = "f(x)",
+    main = "PDF of N(0, 1)")
> curve(pnorm, from = -5, to = 5, ylab = "F(x)",
+    main = "CDF of N(0, 1)")
> par(old.par)
```

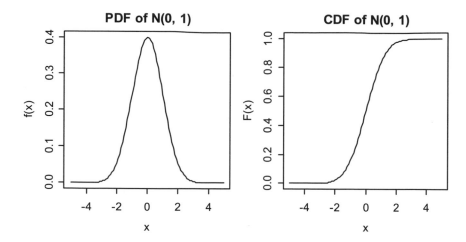

圖 7.1.1：標準常態分佈之機率密度函數及及累積分佈函數

我們可以直接計算 f 及 F 在某些 x 點之值：

```
> round(dnorm(c(-2, -1, 0, 1, 2)), 4)
[1] 0.0540 0.2420 0.3989 0.2420 0.0540

> round(pnorm(c(-2, -1, 0, 1, 2)), 4)
[1] 0.0228 0.1587 0.5000 0.8413 0.9772
```

若要計算 X 落於 $[-2, 2]$ 之機率

$$\int_{-2}^{2} f(x)dx = \frac{1}{\sqrt{2\pi}} \int_{-2}^{2} e^{-t^2/2}dt,$$

可以使用如下的指令：

```
> pnorm(2) - pnorm(-2)
[1] 0.9544997
```

若要計算 X 大於 1.5 之機率

$$\int_{1.5}^{\infty} f(x)dx = 1 - \int_{-\infty}^{1.5} f(x)dx,$$

可以使用如下的指令：

```
> 1 - pnorm(1.5)
[1] 0.0668072

> pnorm(1.5, lower.tail = FALSE)
[1] 0.0668072
```

接下來說明分位數或是百分位數。令 $0 < \alpha < 1$，則 α 分位數是一個 x 點使得

$$\alpha = F(x) = \frac{1}{\sqrt{2\pi}} \int_{-\infty}^{x} e^{-t^2/2} dt .$$

簡單地說就是那個 x 點使得 PDF $f(\cdot)$ 在 x 點左半邊的面積正好是 α。比方說：

```
> round(qnorm(c(0.05, 0.25, 0.5, 0.75, 0.95)), 4)
[1] -1.6449 -0.6745  0.0000  0.6745  1.6449
```

接著來介紹隨機樣本的指令。假設我們要產生具標準常態分佈的 5 個亂數 (或是長度為 5 的隨機樣本)，可以使用如下的指令：

```
> round(rnorm(5), 4)
[1]  1.0512 -1.7417 -0.5807 -1.1273 -0.0657
```

您得到的答案可能與上述的結果不同。若您再數次執行上面的指令，則您每次得到的結果皆不相同；這沒什麼可驚訝的，因為這是隨機樣本。在統計計算

(statistical computing)、機器學習 (machine learning)、演化計算 (evolutionary computing)、及軟計算 (soft computing) 等領域中，我們常常需要產生很多次的隨機樣本。為了能在不同時刻執行某個程式得到可複製的 (reproducible) 結果，我們必須設定亂數產生器 (random number generator) 的起始點，或說是亂數產生器的狀態 (state)。我們可以使用 set.seed() 這個函數。比方說：

```
> set.seed(1)
> round(rnorm(5), 4)
[1] -0.6265  0.1836 -0.8356  1.5953  0.3295
```

同樣指令再執行一次：

```
> set.seed(1)
> round(rnorm(5), 4)
[1] -0.6265  0.1836 -0.8356  1.5953  0.3295
```

我們得到完全一樣的結果。

假設我們產生具標準常態分佈的 100 個亂數並求其平均值，則每次執行的結果可能不同。假如一共執行 4 次，可以使用下列三組不同的指令：

```
> fun <- function(i) { mean(rnorm(100)) }
> set.seed(1)
> sapply(1:4, FUN = fun)
[1]  0.10888737 -0.03780808  0.02967354  0.05160186

> set.seed(1)
> replicate(4, mean(rnorm(100)))
[1]  0.10888737 -0.03780808  0.02967354  0.05160186

> value <- numeric(4)
> set.seed(1)
> for (i in 1:4) { value[i] <- mean(rnorm(100)) }
> value
[1]  0.10888737 -0.03780808  0.02967354  0.05160186
```

假設有人告訴您，當 t 分佈 (t distribution) 的自由度 (degrees of freedom) 愈來愈大時會趨近於標準常態分佈。我們來模擬看看 (如圖 7.1.2)：

```
> win.graph(width = 4.5, height = 2.5, pointsize = 8)
> old.par <- par(mex = 0.8, mar = c(5, 4, 3, 1) + 0.1)

> plot(NA, type = "n", xlim = c(-5, 5), ylim = c(0, 0.5),
+   xlab = "x", ylab = "f(x)", main = "t distribution")
> curve(dt(x, df = 2), add = TRUE, lty = 1, col = 1)
> curve(dt(x, df = 3), add = TRUE, lty = 2, col = 2)
> curve(dt(x, df = 5), add = TRUE, lty = 3, col = 3)
> curve(dt(x, df = 10), add = TRUE, lty = 4, col = 4)
> curve(dt(x, df = 15), add = TRUE, lty = 5, col = 5)
> curve(dnorm, add = TRUE, lty = 1, col = 1, lwd = 2)
> legend("topleft", legend = c("df = 2", "df = 3",
+   "df = 5", "df = 10", "df = 15", "N(0, 1)"),
+   lty = c(1:5, 1), col = c(1:5, 1),
+   lwd = c(rep(1, 5), 2))

> par(old.par)
```

由圖形來看的確如此。

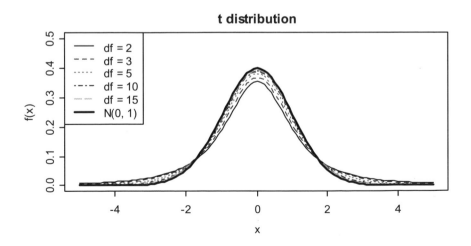

圖 7.1.2：t 分佈及標準常態分佈

若要知道 t 分佈在上述各個自由度於 x = 1 之值可以使用下列之指令：

```
value <- function(df) { dt(1, df = df) }
df <- c(2, 3, 5, 10, 15)

value(df)
[1] 0.1924501 0.2067483 0.2196798 0.2303620 0.2341248
```

或

```
sapply(df, value)
[1] 0.1924501 0.2067483 0.2196798 0.2303620 0.2341248
```

現在我們來看看在卜瓦松分佈 (Poisson distribution) 中之參數 lambda 對其機率質量函數 (PMF) 之影響如何 (如圖 7.1.3)：

```
win.graph(width = 4.5, height = 2.5, pointsize = 8)
old.par <- par(mex = 0.8, mar = c(5, 4, 3, 1) + 0.1)

> x <- 0:10
> plot(NA, type = "n", xlim = c(0, 10), ylim = c(0, 1),
+   xlab = "x", ylab = "f(x)", main =
+   "Poisson distribution")

> points(x, dpois(x, lambda = 0.5), type = "o", lty = 1,
+   col = 1)
> points(x, dpois(x, lambda = 1.0), type = "o", lty = 2,
+   col = 2)
> points(x, dpois(x, lambda = 2.0), type = "o", lty = 3,
+   col = 3)
> points(x, dpois(x, lambda = 5.0), type = "o", lty = 4,
+   col = 4)
> legend("topright", legend = c("lambda = 0.5", "lambda =
+   1.0", "lambda = 2.0", "lambda = 5.0"), lty = 1:4,
+   col = 1:4)

> par(old.par)
```

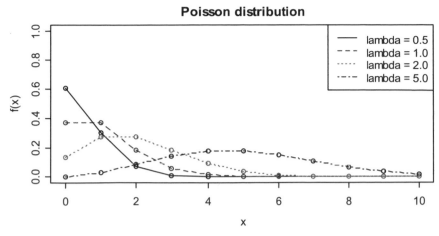

圖 7.1.3：卜瓦松分佈

　　若我們考慮的機率分佈並不列在上面的表 7.1.1及表 7.1.2，那要如何產生一些隨機樣本呢？有三種常用的方法可以解決這個問題，分別為反轉換法 (inverse transform method)、接受拒絕法 (acceptance-rejection methods)、及轉換法 (transform methods)。這其中一個重要的關鍵是我們要有一個能產生在區間 $[0,1]$ 均勻分佈的隨機樣本之亂數產生器。在一般常用的程式語言皆具有這個功能 [Rizzo, 2008]。另外一種可依目標機率分佈產生一些隨機樣本的方法是馬可夫鏈蒙第卡羅法 (Markov Chain Monte Carlo method, MCMC method)。請參閱參考文獻 [Rizzo, 2008]。

7.2 機率分佈的混合

　　假設 X_1 及 X_2 是兩個連續型隨機變數，且 f_1 及 f_2 分別為其機率密度函數，則它們的和 $X = X_1 + X_2$ 也是一個連續型隨機變數，且其機率密度函數為

$$f(x) = \int_{-\infty}^{\infty} f_1(x-s) f_2(s) ds .$$

這樣的積分稱為摺積 (convolution)。

假設 X_1 及 X_2 為獨立的且具標準常態分佈 $N(0,1)$，則 $X = X_1^2 + X_2^2$ 具卡方分佈 $\chi^2(2)$ (chi-squared distribution)，自由度為 2。我們來模擬看看 (如圖 7.2.1)：

```
> n <- 1000
> set.seed(1)
> x1 <- rnorm(n)
> x2 <- rnorm(n)
> x <- x1^2 + x2^2

> win.graph(width = 4.5, height = 2.5, pointsize = 8)
> old.par <- par(mex = 0.8, mar = c(5, 4, 3, 1) + 0.1)

> hist(x, prob = TRUE, breaks = 20, xlim = c(0, 10),
+    ylim = c(0, 0.5))
> lines(density(x, bw = 0.25), col = "blue", lty = 2)
> curve(dchisq(x, df = 2), add = TRUE, col = "red",
+    lty = 1, lwd = 2)
> legend("top", legend = c("KDE", "Chisq(2)"),
+    col = c("blue", "red"), lty = c(2, 1), lwd = c(1, 2))

> par(old.par)
```

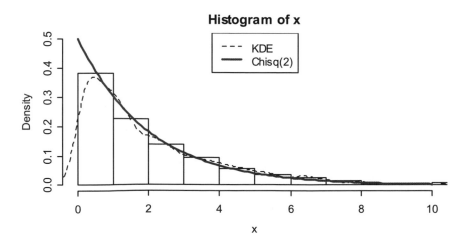

圖 7.2.1：$\chi^2(2)$ 分佈

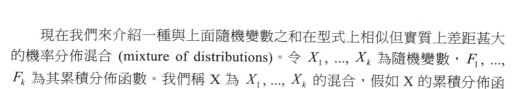

現在我們來介紹一種與上面隨機變數之和在型式上相似但實質上差距甚大的機率分佈混合 (mixture of distributions)。令 $X_1, ..., X_k$ 為隨機變數，$F_1, ..., F_k$ 為其累積分佈函數。我們稱 X 為 $X_1, ..., X_k$ 的混合，假如 X 的累積分佈函數可寫為

$$F_X(x) = \varepsilon_1 F_1(x) + ... + \varepsilon_k F_k(x),$$

其中

$$0 \leq \varepsilon_i \leq 1,\ i = 1, ..., k,\ \sum_{i=1}^{k} \varepsilon_i = 1.$$

若 $X_1, ..., X_k$ 皆為連續型隨機變數，且其機率密度函數為 $f_1, ..., f_k$，則上面的式子亦可寫為

$$f_X(x) = \varepsilon_1 f_1(x) + ... + \varepsilon_k f_k(x).$$

假設 $X_1 \sim N(0, 1),\ X_2 \sim N(10, 4)$ 皆為常態分佈，且 $\varepsilon_1 = 0.8$，$\varepsilon_2 = 0.2$，則 X_1 及 X_2 的混合可以模擬如下 (如圖 7.2.2)：

```
> eps1 <- 0.8
> eps2 <- 1 - eps1
> m1 <- 0; s1 <- 1
> m2 <- 10; s2 <- 2
> f <- function(x)  eps1 * dnorm(x, mean = m1, sd = s1) +
+   eps2 * dnorm(x, mean = m2, sd = s2)

> n <- 1000
> x <- numeric(n)

> set.seed(1)
> x1 <- rnorm(n, mean = m1, sd = s1)
> x2 <- rnorm(n, mean = m2, sd = s2)
```

```
> u <- runif(n)
> status <- u < eps1
> x[status] <- x1[status]
> x[!status] <- x2[!status]

> win.graph(width = 4.5, height = 2.8, pointsize = 8)
> old.par <- par(mex = 0.8, mar = c(5, 4, 3, 1) + 0.1)

> hist(x, prob = TRUE, breaks = 20, ylim = c(0, 0.4))
> lines(density(x, bw = 0.5), col = "red")
> curve(f, add = TRUE, col = "blue", lwd = 2)
> legend("top", legend = c("KDE", "Normal mixture"),
+    col = c("red", "blue"), lwd = c(1, 2))

> par(old.par)
```

很明顯地可以看出，兩個常態分佈之混合不再是常態分佈。常態分佈混合是很常被使用的機率分佈。

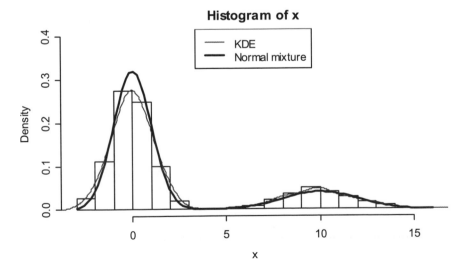

圖 7.2.2：兩個常態分佈之混合

7.3 蒙第卡羅法

蒙第卡羅法 (Monte Carlo method) 是一種隨機重抽樣 (random resampling) 的方法，其應用甚為廣泛。請參閱參考文獻 [Efron and Tibshirani, 1994][Davison and Hinkley, 1997][Good, 2006][Rizzo, 2008]。

蒙第卡羅法之隨機重抽樣可以分為參數重抽樣 (parametric resampling) 及非參數重抽樣 (nonparametric resampling)。參數重抽樣是由已知的機率分佈產生隨機樣本。這個方法在上一節已說明了。非參數重抽樣基本上不對產生資料或數據之程序做太多的機率分佈假設，因此是對給定的資料或數據進行重抽樣。非參數重抽樣又可以分為還原抽樣 (resampling with replacement) 及不還原抽樣 (resampling without replacement)。在還原抽樣中，同一筆資料是有可能被重複選取；在不還原抽樣中，同一筆資料是不能被重複選取。不還原抽樣常是應用於假設檢定 (hypothesis testing) 問題上。還原抽樣可以應用於參數或統計量 (statistic) 之估測 (parameter estimation) 問題上，包括信賴區間 (confidence interval) 之計算，也可以應用於假設檢定問題上。

定義

```
> x <- c(0.2, -0.4, -3.5, 2, 2, 2, 2)
```

假設我們要由 x 中以還原抽樣之方式選取一個長度為 10 的隨機樣本，可以使用下列的指令：

```
> set.seed(1)
> sample(x, size = 10, replace = TRUE)
 [1] -0.4 -3.5  2.0  2.0 -0.4  2.0  2.0  2.0  2.0  0.2
```

在上面的抽樣過程中，x 中的 7 個數字被選取的機率是完全一樣的，即 1/7。由於 2 這個數字在 x 中共有 4 個，因此 2 這個數字被選取的機率是 4/7。由此可知我們對這些資料的機率質量函數 PMF 的假設為

$$f(0.2) = P(X = 0.2) = 1/7 , \quad f(-0.4) = P(X = -0.4) = 1/7 ,$$
$$f(-3.5) = P(X = -3.5) = 1/7 , \quad f(2) = P(X = 2) = 4/7 .$$

我們可以事先指定這些資料的機率質量函數，比方說

$$f(0.2) = P(Y = 0.2) = 1/7 \, , \; f(-0.4) = P(Y = -0.4) = 1/7 \, ,$$
$$f(-3.5) = P(Y = -3.5) = 1/7 \, , \; f(2) = P(Y = 2) = 4/7 \, .$$

```
> y <- c(0.2, -0.4, -3.5, 2)

> set.seed(1)
> sample(y, size = 10, replace = TRUE,
+   prob = c(1/7, 1/7, 1/7, 4/7))
[1]  2.0  2.0 -3.5  0.2  2.0  0.2  0.2 -3.5 -3.5  2.0
```

假設我們要由 y 中以不還原抽樣之方式選取一個長度為 4 的隨機樣本，可以使用下列的指令：

```
> set.seed(1)
> sample(y, size = 4, replace = FALSE)
[1] -0.4  2.0 -3.5  0.2
```

這是原 y 中數字之一個排列 (permutation)。隨機樣本的長度不必一定和原始樣本 y 的長度一樣，比方說：

```
> set.seed(1)
> sample(y, size = 2, replace = FALSE)
[1] -0.4  2.0
```

但若隨機樣本的長度比原始樣本 y 的長度來得長，則會出現錯誤訊息：

```
> sample(y, size = 5, replace = FALSE)
Error in sample(y, size = 5, replace = FALSE) :
cannot take a sample larger than the population when
'replace = FALSE'
```

若要得到一群給定數字的所有排列 (permutation) 及組合 (combination) 可以分別使用 permutations{gtools} 及 combinations{gtools}。比方說，若我們要得到整數 1 到 3 的所有排列，可以使用下列的指令：

```
> library(gtools)

> permutations(3, 3, 1:3)

     [,1] [,2] [,3]
[1,]    1    2    3
[2,]    1    3    2
[3,]    2    1    3
[4,]    2    3    1
[5,]    3    1    2
[6,]    3    2    1
```

若我們要得到整數 1 到 5 取 4 個數字的所有組合，可以使用下列的指令：

```
> combinations(5, 4, 1:5)

     [,1] [,2] [,3] [,4]
[1,]    1    2    3    4
[2,]    1    2    3    5
[3,]    1    2    4    5
[4,]    1    3    4    5
[5,]    2    3    4    5
```

各位不妨試試下列的指令：

```
> y <- c(0.2, -0.4, -3.5, 2)

> permutations(4, 2, y)
> combinations(4, 3, y)
```

此外，我們也可以使用 permn{combinat} 及 combn{combinat} 得到一群給定數字的所有排列及組合。

7.4 蒙第卡羅積分

在這一節中我們將介紹蒙第卡羅積分 (Monte Carlo integration)。假設 $g(x)$ 是一個函數。我們想要計算此函數之定積分

$$\theta = \int_a^b g(x)dx.$$

先來回憶一個機率學的定理。若 X 是一個隨機變數且其機率密度函數 PDF 為 $f(x)$，則 $Y = g(X)$ 是另一個隨機變數，且其期望值為

$$E[g(X)] = \int_{-\infty}^{\infty} g(x)f(x)dx.$$

假如吾人可產生 X 的隨機樣本，則 $E[g(X)]$ 之一個不偏估計量 (unbiased estimator) 為那些函數值之樣本平均數 (sample mean)。

回到我們原來的計算函數定積分的問題。由簡單的運算可得

$$\theta = \int_a^b g(x)dx = (b-a)\int_a^b g(x)\frac{1}{b-a}dx$$

$$= (b-a)\int_a^b g(x)f(x)dx = (b-a)E[g(X)],$$

其中 $X \sim Uniform(a, b)$ 是一個具均勻分佈 (uniform distribution) 的隨機變數，且其機率密度函數為

$$f(t) := 1/(b-a), \ a < t < b.$$

因此蒙第卡羅積分之步驟可敘述如下：

步驟 1：由均勻分佈的機率密度函數 $Uniform(a, b)$ 中產生獨立的隨機樣本 $X_1, ..., X_m$。

步驟 2：計算 $\overline{g(X)} = \dfrac{1}{m} \sum_{i=1}^{m} g(X_i)$。

步驟 3：函數定積分之蒙第卡羅估計值為 $\hat{\theta} = (b-a)\overline{g(X)}$。

接下來我們舉幾個例子來說明蒙第卡羅積分之步驟。

例題 7.4.1 ▶▶▶ 吾人欲計算如下之定積分

$$\theta = \int_a^b e^{-x} dx .$$

此積分值為 $e^{-a} - e^{-b}$。我們可以使用下面之程式來估算此積分值。但由於樣本數 (sample size) 的確會影響蒙第卡羅估計值，因此在下面之程式中，我們使用了 4 種不同的樣本數。我們假設 $a = 1$, $b = 3$。

```
> g <- function(x) exp(-x)
> a <- 1; b <- 3

> boot.num <- c(100, 1000, 10000, 100000)
> theta.hat <- numeric(4)
> set.seed(1)
> for (i in 1:4) {
+    x <- runif(boot.num[i], min = a, max = b)
+    theta.hat[i] <- (b - a) * mean(g(x))
+}

> print(theta.hat)
[1] 0.3004684 0.3198692 0.3185369 0.3187403

> exp(-a) - exp(-b)  # true value
[1] 0.3180924
```

由上面之結果似乎顯示樣本數較大時計算結果較為接近真實值；一般而言的確如此。

例題 7.4.2 ▶▶▶ 在此例題我們想用蒙第卡羅積分來估算圓周率 π。由積分公式可知

$$\pi = \int_0^1 4\sqrt{1-x^2}\,dx.$$

我們可以使用下面之程式來估算此積分值：

```
> g <- function(x)  4 * sqrt(1 - x^2)

> boot.num <- c(100, 1000, 10000, 100000)
> theta.hat <- numeric(4)
> set.seed(1)
> for (i in 1:4) {
+   x <- runif(boot.num[i])
+   theta.hat[i] <- mean(g(x))
+}

> print(theta.hat)
[1] 3.153642 3.138883 3.135318 3.143296

> pi  # true value
[1] 3.141593
```

上面之結果似乎再次顯示樣本數較大時計算結果較為接近真實值。

例題 7.4.3 ▶▶▶ 在此例題我們想應用蒙第卡羅積分來估算標準常態分佈之累積分佈函數：

$$\Phi(x) = \frac{1}{\sqrt{2\pi}} \int_{-\infty}^{x} e^{-t^2/2}\,dt.$$

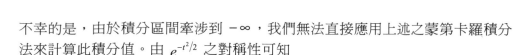

不幸的是，由於積分區間牽涉到 $-\infty$，我們無法直接應用上述之蒙第卡羅積分法來計算此積分值。由 $e^{-t^2/2}$ 之對稱性可知

$$\Phi(0) = \frac{1}{2},$$

$$\Phi(x) = \frac{1}{2} + \frac{1}{\sqrt{2\pi}} \int_0^x e^{-t^2/2} dt, \ x > 0,$$

$$\Phi(x) = \frac{1}{2} - \frac{1}{\sqrt{2\pi}} \int_x^0 e^{-t^2/2} dt = \frac{1}{2} + \frac{1}{\sqrt{2\pi}} \int_0^x e^{-t^2/2} dt, \ x < 0.$$

在 $x \neq 0$ 時若定義 $u = t/x$，則可得

$$\Phi(x) = \frac{1}{2} + \frac{1}{\sqrt{2\pi}} \int_0^1 x e^{-(xu)^2/2} du, \ x \neq 0.$$

現在我們可以應用上述之蒙第卡羅積分法來計算此積分值了。吾人可以使用下面之程式來估算此積分值，並繪出其圖形 (如圖 7.4.1)：

```
> x <- seq(from = -3, to = 3, length = 100)
> boot.num <- 10000

> set.seed(1)
> u <- runif(boot.num)
> cdf <- numeric(length(x))
> for (i in 1:length(x)) {
+   if (x[i] == 0) {
+       cdf[i] <- 0.5
+   } else {
+       g <- x[i] * exp(-(u * x[i])^2 / 2)
+       cdf[i] <- 0.5 + mean(g) / sqrt(2 * pi)
+   }
+}

> Phi <- pnorm(x)
```

```
# > print(round(rbind(x, cdf, Phi), 4))

> win.graph(width = 2.8, height = 2.8, pointsize = 8)
> old.par <- par(mex = 0.8, mar = c(5, 4, 3, 1) + 0.1)

> plot(NA, type = "n", xlim = c(-3, 3), ylim = c(0, 1),
+    xlab = "x", ylab = "F(x)")
> curve(pnorm(x), add = TRUE, col = "red", lty = 1)
> points(x, cdf, col = "blue", type = "l", lty = 2)
> legend("topleft", legend = c("Phi", "CDF"),
+    col = c("red", "blue"), lty = c(1, 2))

> par(old.par)
```

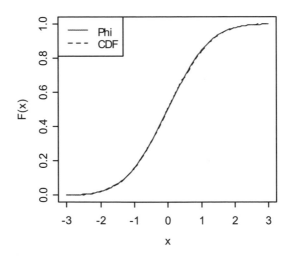

圖 7.4.1：標準常態分佈之累積分佈函數及其估測

我們估算的 CDF 與真實的 CDF $\Phi(x)$ 幾近重疊。

例題 7.4.4 ▶▶▶ 吾人欲計算如下之雙重定積分

$$\theta = \int\limits_{3}^{10} \int\limits_{1}^{7} \sin(x - y)\,dxdy \,.$$

我們仍可使用前述之蒙第卡羅積分法來計算此積分值:

```
> g <- function(x, y) sin(x - y)
> a1 <- 1; b1 <- 7
> a2 <- 3; b2 <- 10
> boot.num <- c(100, 1000, 10000, 100000)
> theta.hat <- numeric(4)

> set.seed(1)
> for (i in 1:4) {
+   x <- runif(boot.num[i], min = a1, max = b1)
+   y <- runif(boot.num[i], min = a2, max = b2)
+   theta.hat[i] <- (b1 - a1) * (b2 - a2) * mean(g(x, y))
+}

> print(theta.hat)
[1]  5.2287570  1.5857456 -0.1233861  0.0928281
```

我們不難發現使用不同之樣本數所估算之積分值差異很大。

要計算定積分我們也可以使用 integrate {stats}。

7.5 習題

【習題 7.5.1】考慮自由度 (degrees of freedom) 為 5 之 t 分佈 (t distribution) $t(5)$。

(1) 繪出其機率密度函數 PDF 及累積分佈函數 CDF。

(2) 令 $\alpha = 0.6$,試求出 α 分位數。

(3) 試產生一個長度為 4 的隨機樣本。

【習題 7.5.2】令 X 是一個具有指數分佈 (exponential distribution) 的隨機變數且其 rate 參數為 $\lambda = 2$。X 之機率密度函數為

$$f(x) = \lambda e^{-\lambda x},\ 0 < x < \infty.$$

(1) 繪出其機率密度函數 PDF 及累積分佈函數 CDF。

(2) 試求 $P(0.5 \le X \le 1.5)$。

(3) 試求 $P(X \ge 1.5)$。

【習題 7.5.3】令 X 是一個於 $[0,1]$ 均勻分佈的隨機變數,則 $Y = -2\ln X$ 具有卡方分佈 $\chi^2(2)$ (自由度為 2) 的機率分佈。

(1) 試產生長度為 100 的 X 隨機樣本 $x_1, ..., x_{100}$。

(2) 試產生相對的 $y_1, ..., y_{100}$。

(3) 試繪出 $y_1, ..., y_{100}$ 的直方圖及核密度估計,並與 $\chi^2(2)$ 之機率密度函數比較。

【習題 7.5.4】令 W 和 V 是兩個獨立的隨機變數,W 具有標準常態分佈 $N(0,1)$ 且 V 具有卡方分佈 $\chi^2(r)$,則

$$T := \frac{W}{\sqrt{V/r}}$$

具有 t 分佈 $t(r)$ (自由度為 r)。

(1) 試各產生長度為 100 的 V 及 W 的隨機樣本,其中 $r = 5$。

(2) 試產生相對的 T。

(3) 試繪出 T 的直方圖及核密度估計,並與 $t(5)$ 之機率密度函數比較。

【習題 7.5.5】令 U 和 V 是兩個獨立的隨機變數，且分別具有卡方分佈 $\chi^2(r_1)$ 及 $\chi^2(r_2)$，則

$$F := \frac{U/r_1}{V/r_2}$$

具有 F 分佈 $F(r_1, r_2)$ (自由度為 r_1 及 r_2)。

(1) 試各產生長度為 100 的 U 及 V 的隨機樣本，其中 $r_1 = 3$，$r_2 = 5$。

(2) 試產生相對的 F。

(3) 試繪出 F 的直方圖及核密度估計，並與 $F(3, 5)$ 之機率密度函數比較。

【習題 7.5.6】令 X_1 具有 t 分佈 $t(5)$ 且 X_2 具有常態分佈 $N(10, 2)$。令 $\varepsilon_1 = 0.8$，$\varepsilon_2 = 0.2$。假設 X 是 X_1 及 X_2 的混合，即

$$F_X(x) = \varepsilon_1 F_1(x) + \varepsilon_2 F_2(x).$$

(1) 試各產生長度為 1000 的 X_1 及 X_2 的隨機樣本。

(2) 試產生相對的 X。

(3) 試繪出 X 的直方圖及核密度估計。

【習題 7.5.7】試以蒙第卡羅積分來估算下列的積分：

$$\int_0^1 \frac{\alpha x^{\alpha-1}}{\beta^\alpha} e^{-(x/\beta)^\alpha} dx,$$

其中 $\alpha = 2$，$\beta = 1$。

【**習題** 7.5.8】假設我們想用蒙第卡羅積分來估算指數分佈之累積分佈函數：

$$F(x) = \int_0^x \lambda e^{-\lambda t} dt, \ x > 0.$$

假設 $\lambda = 5$。請估算 $F(x)$, $x \in [0, 1]$, 並繪出其圖形。同時與真實的 $F(x)$ 比較。

R 程式範例

在這章中我們將舉一些 R 程式範例,包括方程式求根、最佳化問題求解、離散時間動態系統模擬、連續時間動態系統模擬、及動畫範例。我們所撰寫的程式不敢說一定完善,但都經過一些例題的測試可行。若有不完善之處請不用客氣自行更改。在本章我們有四個自訂函數 bisection.eq(), newton.raphson(), discrete.sys.sim(), continuous.sys.sim() 列於附錄 A 及下列資料夾中:

D:\Practical-R-Programming\R-Codes

因此我們可以使用下列的指令將這些函數載入:

```
> source("D:/Practical-R-Programming/R-Codes/R-Code-
+    Appendix-01.txt")
```

在執行完一個 R 程式時,有時 (希望不要常常有) 會出現一些警告訊息 (warning messages)。我們可以使用

```
warnings()
```

來觀看所有的警告訊息。如此比較容易找出自己程式錯誤或不完美的地方。

8.1 方程式求根

假設我們要求出一個方程式 $f(x) = 0$ 在某個區間 $[a, b]$ 之一個實根。同時假設函數 $f(x)$ 在區間 $[a, b]$ 之間是一個連續函數，且 $f(a) \cdot f(b) < 0$，則必存在一個 $c \in (a, b)$ 使得 $f(c) = 0$，即 c 是一個介於 $[a, b]$ 之一個實根。底下我們介紹一個簡單的二分法 (bisection method) 來求出 $f(x) = 0$ 在區間 $[a, b]$ 之根。我們令 c 為中點，即 $c = (a + b)/2$。若 $f(c) = 0$，則 c 是一個實根。若 $f(a) \cdot f(c) < 0$，則以 c 取代 b。若 $f(a) \cdot f(c) > 0$，則以 c 取代 a。這個過程一直進行到 $|b - a| < \varepsilon$，其中 ε 是一個很小的容忍常數。此時 c 就是我們估測的實根。我們可以寫一個簡單的副程式來求根。此副程式列於附錄 A 中，內容說明如下：

```
## Bisection method for finding the root of f(x) = 0 within the interval [a, b]

bisection.eq <- function(f, a = 0, b = 1, eps = 1.0e-6, max.iteration = 1000)

# Arguments:

# f: function
# a: left end of the interval [a, b]
# b: left end of the interval [a, b]
# eps: the tolerance
# max.iteration: maximum number of iterations

# Values

# root: estimated root
# value: f(root)
# iteration: number of iterations
```

假設要求出多項式方程式 $f(x) = x^3 + 2x^2 - 7$ 在區間 $[0, 3]$ 之一個零根，我們可以使用下列之指令：

```
> f <- function(x)  x^3 + 2 * x^2 - 7
> a <- 0
```

```
> b <- 3
> bisection.eq(f, a, b)

$root
[1] 1.428818

$value
[1] 5.59338e-07

$iteration
[1] 16
```

多項式 $f(x) = x^3 + 2x^2 - 7$ 之零根為

```
> polyroot(c(-7, 0, 2, 1))
[1]  1.428818+0.000000i  -1.714409+1.399985i
[3] -1.714409-1.399985i
```

我們發現用二分法求出的根相當準確。事實上 polyroot{base} 這個函數可以求出一個實係數或複係數多項式方程式之所有根。若給定的方程式並不一定是一個多項式方程式，則我們可以使用 uniroot{stats} 來求根。

8.2 最佳化問題求解

假設函數 $f(x)$ 是一個 2 次連續函數。我們想求出 $f(x)$ 之最小值，即我們要找一個 $x*$ 使得 $f(x*) \leq f(x)$ 對所有的 x。牛頓-拉夫森演算法 (Newton-Raphson algorithm) 如下：

$$
x_{n+1} = x_n - \frac{f'(x_n)}{f''(x_n)}, \ n = 0, 1, \dots,
$$

其中 x_0 是起始猜測 (initial guess)。這個過程一直進行到 $|f'(x_n)| < \varepsilon$，其中 ε 是一個很小的容忍常數。我們可以將上述的演算法寫成一個簡單的副程式。此副程式列於附錄 A 中，說明如下：

```
## Line search using Newton-Raphson method

newton.raphson <- function(f, fp, fpp, x0 = 0, eps = 1.0e-6, max.iteration = 1000)

# Arguments

# f: function to be minimized
# fp: the first derivative of f
# fpp: the second derivative of f
# x0: initial guess
# eps: tolerance
# max.iteration: maximum number of iterations

# Values

# minimizer: minimizer
# min.value: minimum value
# iteration: number of iterations
```

假設

$$f(x) = e^{-x} + x^4$$

則

$$f'(x) = -e^{-x} + 4x^3, \quad f''(x) = e^{-x} + 12x^2.$$

我們設定起始猜測為 $x_0 = 0.5$。我們可以使用下列之指令來求最小值:

```
> f <- function(x)  exp(-x) + x^4
> fp <- function(x)  -exp(-x) + 4 * x^3
> fpp <- function(x)  exp(-x) + 12 * x^2
> x0 <- 0.5

> newton.raphson(f, fp, fpp, x0)
```

```
$minimizer
[1] 0.5282519

$min.value
[1] 0.6675038

$iteration
[1] 4
```

因此 $x^* = 0.5282519$，且最小值為 $f(x^*) = 0.6675038$。

一些有用的最佳化函數包括：

▶ optimize {stats}   # one-dimensional search

▶ optim {stats}   # general-purpose optimization

▶ lp {lpSolve}   # solve linear/integer programming systems

▶ solveLP {linprog}   # solve linear programming problems

▶ simplex {boot}   # simplex method for linear programming problems

▶ solve.QP {quadprog}   # solve a quadratic programming problem

▶ mle {stats4}   # maximum likelihood estimation

有關最佳化之理論及演算法請參閱參考文獻 [Bertsekas, 1999][Nocedal and Wright, 1999][Sundaram, 1996]。

8.3 離散時間動態系統模擬

有限維的動態系統可分為離散時間動態系統 (discrete-time dynamical systems) 及連續時間動態系統 (continuous-time dynamical systems) 兩種。離散時間動態系統可用差分方程式 (difference equations) 來表示，而連續時間動態系統可用微分方程式 (differential equations) 來表示。 首先介紹離散時間動態系統。

一個離散時間動態系統可表示為

$$x_{k+1} = f(x_k), \; k = 0, 1, 2, \ldots,$$
$$x_0 = x_0 .$$

我們稱 $x_k \in \mathfrak{R}^n$ 為系統在時間 k 之狀態向量 (state vector)，或簡稱為狀態 (state)；而 $\{x_0, x_1, x_2, \ldots\}$ 稱為以 x_0 為起始點之狀態軌跡 (state trajectory starting from x_0)。由於系統描述方程式是一個遞迴公式 (recursive formula)，因此狀態軌跡很容易由疊代而得：

$$x_1 = f(x_0), \; x_2 = f(x_1), \ldots.$$

我們可以寫一個簡單的副程式來進行系統模擬。此副程式列於附錄 A 中，說明如下：

```
discrete.sys.sim(f, t0 = 0, tf = 10, x0)

# Arguments:

# f: a list of functions
# t0: initial time (must be an integer)
# tf: final time (must be an integer)
# x0: vector of initial conditions

# Values:

# n: number of dimension; number of state variables
# time: time instants
# state: state trajectory
```

例題 8.3.1 ▶▶▶ 一個 logistic 系統可表示為

$$x_{k+1} = f(x_k) = rx_k(1 - x_k),$$

其中 $r \geq 0$ 是系統的控制參數 (control parameter)。當限制 $0 \leq r \leq 4$ 時，則 f 是一個由實數區間 $[0,1]$ 映至 $[0,1]$ 之函數；在此情況下，若 $x_0 \in [0,1]$，則狀態軌跡皆會停留在 $[0,1]$ 中。在 $r = 2.5$ 時，狀態軌跡會趨近於某個固定點 $x^* = (r-1)/r = 0.6$；但若 $r = 4$，則會產生混沌軌跡 (chaotic orbit)。下列程式之執行結果可以看到這些特性 ($x_0 = 0.45$) (如圖 8.3.1)：

```
> t0 <- 0; tf <- 50; x0 <- 0.45

> f1 <- function(x) 2.5 * x * (1 - x)
> f2 <- function(x) 4 * x * (1 - x)
> g1 <- discrete.sys.sim(f1, t0 = t0, tf = tf, x0 = x0)
> g2 <- discrete.sys.sim(f2, t0 = t0, tf = tf, x0 = x0)

> ymin <- min(g1$state, g2$state)
> ymax <- max(g1$state, g2$state) + 0.3
> ylim <- c(ymin, ymax)

> win.graph(width = 4.5, height = 3.3, pointsize = 8)
> old.par <- par(mex = 0.8, mar = c(5, 4, 3, 1) + 0.1)
> plot(NA, type = "n", xlim = c(t0, tf), ylim = ylim,
+   xlab = "time", ylab = "states")
> points(t0:tf, g1$state, type = "o", pch = 1,
+   col = "red")
> points(t0:tf, g2$state, type = "o", pch = 2,
+   col = "blue")
> legend("topright", legend = c("regular", "chaotic"),
+   pch = c(1, 2), lty = c(1, 1), col = c("red", "blue"))
> par(old.par)
```

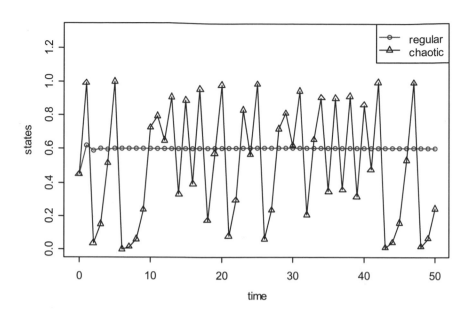

圖 8.3.1：例題 8.3.1 之狀態軌跡

例題 8.3.2 ▶▶▶ 一個 Hénon 系統可表示為

$$x_{n+1} = 1 - ax_n^2 + y_n, \; y_{n+1} = bx_n,$$

其中 a, b 是系統的控制參數。假設

$$a = 1.4, \; b = 0.3, \; (x_0, y_0) = (0.5, 0.5).$$

我們可以使用下列之程式來模擬系統之動態 (如圖 8.3.2)：

```
> a <- 1.4; b <- 0.3
> f1 <- function(x)  1 - a * x[1]^2 + x[2]
> f2 <- function(x)  b * x[1]
> f <- c(f1, f2)
> t0 <- 0; tf <- 50; x0 <- c(0.5, 0.5)

> g <- discrete.sys.sim(f, t0 = t0, tf = tf, x0 = x0)
```

```
> ymin <- min(g$state)
> ymax <- max(g$state)
> ylim <- c(ymin, ymax)

> win.graph(width = 4.5, height = 3.3, pointsize = 8)
> old.par <- par(mex = 0.8, mar = c(5, 4, 3, 1) + 0.1)
> plot(NA, xlim = c(t0, tf), ylim = ylim, type = "n",
+   xlab = "time", ylab = "states")
> points(g$time, g$state[, 1], type = "o", col = "red")
> points(g$time, g$state[, 2], type = "o", col = "green")
> par(old.par)
```

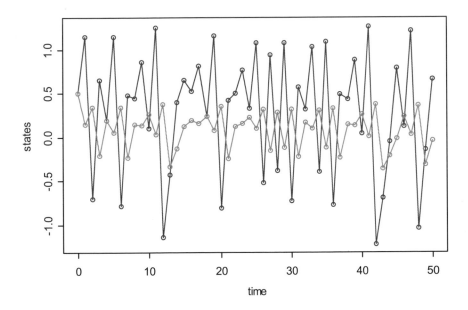

圖 8.3.2：例題 8.3.2 之狀態軌跡

由上圖可看出這是一個混沌軌跡。

8.4 連續時間動態系統模擬

這一節我們來介紹連續時間動態系統。一個連續時間動態系統可表示為

$$\dot{x}(t) = f(x(t)),\ t \ge t_0,$$
$$x(t_0) = x_0.$$

我們稱 $x(t) \in \Re^n$ 為系統在時間 t 之狀態向量，或簡稱為狀態；而 $\{x(t) : t \ge t_0\}$ 稱為以 x_0 為起始點之狀態軌跡。

接下來介紹三個常用的數值積分方法，即 Euler 法 (Euler's method)、改良式 Euler 法 (improved Euler's method) 及四階 Runge-Kutta 法 (fourth-order Runge-Kutta method)。令 Δt 是積分增量 (time step for integration)，並令

$$x_n := x(t),\ x_{n+1} = x(t + \Delta t).$$

三個數值積分方法之步驟如下：

Euler's method：

$$x_{n+1} \approx x_n + \dot{x}\Delta t = x_n + f(x_n)\Delta t.$$

Improved Euler's method：

$$\text{trial step: } \widetilde{x}_{n+1} = x_n + f(x_n)\Delta t;$$
$$\text{real step: } x_{n+1} = \frac{1}{2}[x_n + f(x_n)\Delta t] + \frac{1}{2}[x_n + f(\widetilde{x}_{n+1})\Delta t]$$
$$= x_n + \frac{1}{2}[f(x_n) + f(\widetilde{x}_{n+1})]\Delta t.$$

Fourth-order Runge-Kutta method：

$$x_{n+1} = x_n + \frac{1}{6}\left(k_1 + 2k_2 + 2k_3 + k_4\right),$$
$$k_1 = f(x_n)\Delta t,$$
$$k_2 = f(x_n + 2^{-1}k_1)\Delta t,$$
$$k_3 = f(x_n + 2^{-1}k_2)\Delta t,$$
$$k_4 = f(x_n + k_3)\Delta t.$$

我們可以寫一個簡單的副程式來進行系統模擬。此副程式列於附錄 A 中，說明如下：

```
## Simulation of continuous-time dynamical systems with a forcing term
## x^dot(t) = f(x(t)) + g(t)

continuous.sys.sim <- function(f, t0 = 0, tf = 10, x0, step, input.status = FALSE, g,
method = "Runge-Kutta")

# Arguments:

# f: a list of functions
# t0: initial time
# tf: final time
# x0: vector of initial conditions
# step: time step of integration
# input.status: TRUE if there is an input term (forcing function)
# g: a list of forcing functions
# method: numerical methods for integration; method = c("Euler", "Imporved-Euler",
"Runge-Kutta")

# Values:

# n: number of dimension; number of state variables
# time: time instants
# state: state trajectory
```

例題 8.4.1 ▶▶▶ 考慮如下的動態系統：

$$
\dot{x}_1(t) = -x_2(t),
$$
$$
\dot{x}_2(t) = x_1(t) + \left[1 - x_1^2(t)\right]x_2(t),
$$
$$
x_1(0) = 0.1, \ x_2(0) = 0.2.
$$

我們可以使用如下之程式來模擬系統之動態並繪出其相位軌跡 (phase trajectory)
(如圖 8.4.1)：

```
> f1 <- function(x)  -x[2]
> f2 <- function(x)  x[1] +  (1 - x[1]^2) * x[2]
> f <- c(f1, f2)

> t0 <- 0; tf <- 50; step <- 0.01
> x0 <- c(0.1, 0.2)
> method = "Runge-Kutta"

> g3 <- continuous.sys.sim(f, t0 = t0, tf = tf, x0 = x0,
+   step = step, method = method)

> ymin <- min(g3$state)
> ymax <- max(g3$state)
> ylim <- c(ymin, ymax)

> win.graph(width = 4.5, height = 2.8, pointsize = 8)
> old.par <- par(mfrow= c(1, 2), mex = 0.8,
+   mar = c(5, 4, 3, 1) + 0.1)

> plot(NA, xlim = c(t0, tf), ylim = ylim, type = "n",
+   xlab = "time", ylab = "states",
+   main = "State trajectories")
> matlines(g3$time, g3$state, col = c("red", "green"))

> plot(g3$state[, c(1, 2)], type = "l", xlab = "x1",
+   ylab = "x2", xlim = range(g3$state[, 1]),
+   ylim = range(g3$state[, 2]), main = "Phase trajectory",
```

```
+    col = "lightblue", cex = 0.25)

> par(old.par)
```

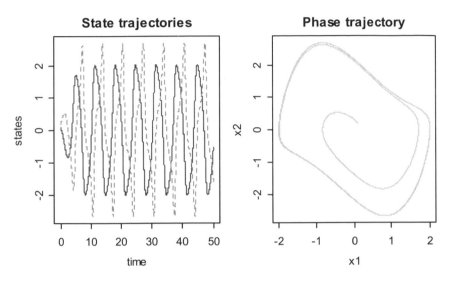

圖 8.4.1：例題 8.4.1 之狀態軌跡及相位軌跡

由上圖可看出這是一個週期軌跡。

例題 8.4.2 ▶▶▶ 考慮如下的動態系統：

$$\ddot{x} + c\dot{x} + x^3 = k\cos(\Omega t),$$

其中 c, k, Ω 為常數。定義

$$x_1 = x,\ x_2 = \dot{x},$$

則可得

$$\dot{x}_1 = x_2,\ \dot{x}_2 = -x_1^3 - cx_2 + k\cos(\Omega t).$$

假設

$$c = 0.1,\ k = 1,\ \Omega = 2,\ (x_{10}, x_{20}) = (0.1, 0.2).$$

我們可以使用如下之程式來模擬系統之動態並繪出其相位軌跡 (如圖 8.4.2)：

```r
> c <- 0.1; k <- 1; omega <- 2

> f1 <- function(x)  x[2]
> f2 <- function(x)  -x[1]^3 - c * x[2]
> f <- c(f1, f2)
> g1 <- function(t)  0
> g2 <- function(t)  k * cos(omega * t)
> g <- c(g1, g2)

> t0 <- 0; tf <- 50; step <- 0.01;
> x0 <- c(0.1, 0.2)
> method = "Runge-Kutta"

> g3 <- continuous.sys.sim(f, t0 = t0, tf = tf, x0 = x0,
+   step = step, input.status = TRUE, g, method = method)

> ymin <- min(g3$state)
> ymax <- max(g3$state)
> ylim <- c(ymin, ymax)

> win.graph(width = 4.5, height = 2.8, pointsize = 8)
> old.par <- par(mfrow = c(1, 2), mex = 0.8,
+   mar = c(5, 4, 3, 1) + 0.1)

> plot(NA, xlim = c(t0, tf), ylim = ylim, type = "n",
+   xlab = "time", ylab = "states",
+   main = "State trajectories")
> matlines(g3$time, g3$state, col = c("red", "green"))

> plot(g3$state[, c(1, 2)], type = "l", xlab = "x1",
+   ylab = "x2", xlim = range(g3$state[, 1]),
```

```
+    ylim = range(g3$state[, 2]), main = "Phase trajectory",
+    col = "lightblue", cex = 0.25)

> par(old.par)
```

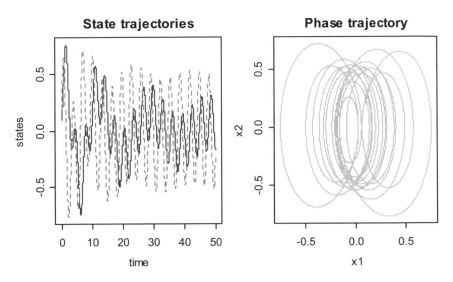

圖 8.4.2：例題 8.4.2 之狀態軌跡及相位軌跡

由上圖可看出這是一個混沌軌跡。

例題 8.4.3 ▶▶▶ 考慮如下著名的 Lorenz 系統：

$$\dot{x} = \sigma(y-x), \ \dot{y} = rx - y - xz, \ \dot{z} = xy - bz,$$

其中 σ, r, b 皆為正實數。假設

$$\sigma = 10, \ r = 28, \ b = 8/3, \ (x_0, y_0, z_0) = (15, 10, 40).$$

我們可以使用如下之程式來模擬系統之動態並繪出其相位軌跡 (如圖 8.4.3)：

```
> sigma <- 10; r <- 28; b <- 8 / 3

> f1 <- function(x, ...) sigma * (x[2] - x[1])
> f2 <- function(x, ...) r * x[1] - x[2] - x[1] * x[3]
> f3 <- function(x, ...) x[1] * x[2] - b * x[3]
> f <- c(f1, f2, f3)

> t0 <- 0; tf <- 50; x0 <- c(15, 10, 40); step <- 0.01
> method = "Runge-Kutta"

> g3 <- continuous.sys.sim(f, t0 = t0, tf = tf, x0 = x0,
+   step = step, method = method)

> ymin <- min(g3$state)
> ymax <- max(g3$state)
> ylim <- c(ymin, ymax)

> win.graph(width = 2.8, height = 2.8, pointsize = 8)
> old.par <- par(mex = 0.8, mar = c(5, 4, 3, 1) + 0.1)
> plot(NA, xlim = c(t0, tf), ylim = ylim, type = "n",
+   xlab = "time", ylab = "states",
+   main = "State trajectories")
> matlines(g3$time, g3$state,
+   col = c("red", "green", "blue"))
> par(old.par)

> win.graph(width = 2.8, height = 2.8, pointsize = 8)
> old.par <- par(mex = 0.8, mar = c(5, 4, 3, 1) + 0.1)
> plot(g3$state[, c(1, 2)], type = "l", xlab = "x",
+   ylab = "y", xlim = range(g3$state[, 1]),
+   ylim = range(g3$state[, 2]), main = "Phase trajectory",
+   col = "lightblue", cex = 0.25)
> par(old.par)

> win.graph(width = 2.8, height = 2.8, pointsize = 8)
> old.par <- par(mex = 0.8, mar = c(5, 4, 3, 1) + 0.1)
> plot(g3$state[, c(2, 3)], type = "l", xlab = "y",
+   ylab = "z", xlim = range(g3$state[, 2]),
```

```
+    ylim = range(g3$state[, 3]), main = "Phase trajectory",
+    col = "lightblue", cex = 0.25)
> par(old.par)

> win.graph(width = 2.8, height = 2.8, pointsize = 8)
> old.par <- par(mex = 0.8, mar = c(5, 4, 3, 1) + 0.1)
> plot(g3$state[, c(1, 3)], type = "l", xlab = "x",
+    ylab = "z", xlim = range(g3$state[, 1]),
+    ylim = range(g3$state[, 3]), main = "Phase trajectory",
+    col = "lightblue", cex = 0.25)
> par(old.par)
```

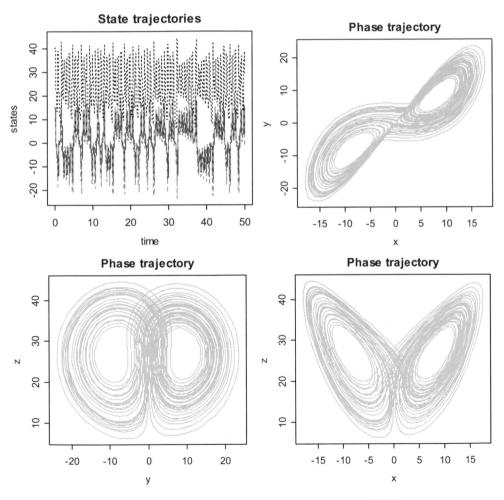

圖 8.4.3：例題 8.4.3 之狀態軌跡及相位軌跡

由上圖可看出這是一個混沌軌跡。

有關混沌系統理論請參閱參考文獻 [Banks, 2003][Davies, 2004][Strogatz, 1994]。

常常一個 R 程式要花很長的執行時間才能得到結果，我們當然不希望在下一次用到時又要花一樣長的執行時間得到先前的結果。我們的建議是先將目前程式執行得到之結果 (物件) 存在某個資料夾，日後需要用到這個結果 (物件) 時再將其由先前之資料夾重新載入即可使用。比方說我們想將例題 8.4.3 之執行結果 g3 存在資料夾

> D:\Practical-R-Programming\R-Objects

則可執行下列的指令：

```
> save(g3, file = "D:/Practical-R-Programming/
+   R-Objects/g3")
```

我們可以使用下列的指令將 g3 重新載入：

```
> load(file = "D:/Practical-R-Programming/R-Objects/g3")
```

8.5 動畫範例

如何撰寫一些簡單的程式以動畫 (animation) 的方式來模擬一些動態過程是一件很有趣的事。

例題 8.5.1 ▶▶▶ 令 X_1, X_2, ... 是一序列獨立且具相同機率分佈 (independent and identically distributed) 的隨機變數，且其機率質量函數為

$$P(X_i = 1) = P(X_i = -1) = 1/2 .$$

定義此序列之部份和為

$$S_n = \sum_{i=1}^{n} X_i \, ,$$

則隨機過程 (stochastic process) $\{S_n, n \geq 0\}$ 稱為一個對稱隨機漫步 (symmetric random walk)。我們可以寫一個簡單的動畫程式來模擬一個對稱隨機漫步：

```
> n <- 100

> set.seed(1)
> increment <- sample(c(1, -1), size = n,
+   prob = c(0.5, 0.5), replace = TRUE)
> walk <- cumsum(increment)

> plot(NA, type = "n", xlim = c(0, 100), ylim = c(-10, 10),
+   xlab = "time", ylab = "")
> for (i in 1:(n-1)) {
+   lines(c(i, i + 1), c(walk[i], walk[i+1]))
+   Sys.sleep(time = 0.1)
+}
```

在上面的程式碼中，我們使用了 Sys.sleep() 這個函式。這個函式能暫時中止 R 程式之執行。因此畫面會暫停而產生動畫之效果。

例題 8.5.2 ▶▶▶ 令 $X_1, X_2, \ldots$ 是一序列獨立且具相同機率分佈的隨機變數。定義

$$\overline{X}_n = \frac{1}{n} \sum_{i=1}^{n} X_i \, , \; S_n = \sqrt{\frac{1}{n-1} \sum_{i=1}^{n} \left(X_i - \overline{X} \right)^2}$$

為樣本平均數及樣本標準差;這些都是隨機變數。若樣本數 n 夠大,則

$$T_n := \frac{\overline{X}_n - E[\overline{X}_n]}{S_n / \sqrt{n}}$$

這個隨機變數之機率分佈接近一個 t 分佈 (t distribution) 且自由度為 $n-1$,即 $t(n-1)$。我們也可以寫一個簡單的動畫程式來模擬上述之結果。在此模擬中,我們分別假設 X_1, X_2, ... 之機率分佈是均勻分佈 (uniform distribution)、卜瓦松分佈 (Poisson distribution) 及常態分佈。

```
> animation.st <- function(num.index, type, iteration = 100)
{
+   a <- -2; b <- 5; lambda <- 3; mu <- 2; std <- 5
+   set.seed(1)
+   for (n in num.index) {
+       s <- xbar <- numeric(iteration)
+       for (i in 1:iteration) {
+           if (type == "uniform") { x <- runif(n, min = a,
+                                               max = b) }
+           if (type == "poisson") { x <- rpois(n, lambda =
+                                               lambda) }
+           if (type == "normal") { x <- rnorm(n, mean = mu,
+                                               sd = std) }
+           xbar[i] <- mean(x)
+           s[i] <- sd(x)
+       }
+
+       t <- (xbar - mean(xbar)) / (s / sqrt(n))
+       hist(t, prob = TRUE, xlim = c(-3, 3),
+           ylim = c(0, 0.5), xlab = "t", ylab = "density",
+           main = "")
+       rug(t, side = 1)
+       lines(density(t), col = "blue", lty = 2, lwd = 1)
+       points(0, 0, pch = 16, col = "green", cex = 2)
+       curve(dt(x, df = n-1), add = TRUE, col = "red",
+           lty = 1, lwd = 2)
```

```
+          temp.legend <- paste("t(", n-1, ")")
+          legend("topright", legend = c("KDE", temp.legend),
+              col = c("blue", "red"), lty = c(2, 1),
+              lwd = c(1, 2), bty = "n")
+          legend("topleft", legend = paste("n = ", n),
+              bty = "n")
+          Sys.sleep(time = 1)
+      }
+}

> num.index <- seq(from = 30, to = 1000, by = 10)

> animation.st(num.index, type = "uniform")

> animation.st(num.index, type = "poisson")

> animation.st(num.index, type = "normal")
```

例題 8.5.3 ▶▶▶ 考慮如下著名的 Lorenz 系統：

$$\dot{x} = \sigma(y - x), \ \dot{y} = rx - y - xz, \ \dot{z} = xy - bz,$$

其中 σ, r, b 皆為正實數。假設

$$\sigma = 10, \ r = 28, \ b = 8/3, \ (x_0, y_0, z_0) = (15, 10, 40).$$

首先我們將狀態軌跡求出：

```
> sigma <- 10; r <- 28; b <- 8 / 3

> f1 <- function(x, ...) sigma * (x[2] - x[1])
> f2 <- function(x, ...) r * x[1] - x[2] - x[1] * x[3]
> f3 <- function(x, ...) x[1] * x[2] - b * x[3]
> f <- c(f1, f2, f3)
```

```
> t0 <- 0; tf <- 50; x0 <- c(15, 10, 40); step <- 0.01

> g <- continuous.sys.sim(f, t0 = t0, tf = tf, x0 = x0,
+   step = step)

> t <- g$time
> state <- g$state
> x <- state[, 1]
> y <- state[, 2]
> z <- state[, 3]
```

接下來我們可以觀看在 x-y, y-z, x-z 參個平面之二維動畫 (如圖 8.5.1)：

```
> win.graph(width = 2.8, height = 2.8, pointsize = 8)
> old.par <- par(mex = 0.8, mar = c(5, 4, 3, 1) + 0.1)
> plot(x, y, xlab = "x", ylab = "y", type = "n")
> num <- length(x)
> for (i in 1:num) {
+   points(x[i], y[i], pch = 1, col = "lightblue",
+       cex = 0.25)
+   Sys.sleep(time = 0.01)
+}
> par(old.par)

> win.graph(width = 2.8, height = 2.8, pointsize = 8)
> old.par <- par(mex = 0.8, mar = c(5, 4, 3, 1) + 0.1)
> plot(y, z, xlab = "y", ylab = "z", type = "n")
> num <- length(y)
> for (i in 1:num) {
+   points(y[i], z[i], pch = 1, col = "lightblue",
+       cex = 0.25)
+   Sys.sleep(time = 0.01)
+}
> par(old.par)

> win.graph(width = 2.8, height = 2.8, pointsize = 8)
> old.par <- par(mex = 0.8, mar = c(5, 4, 3, 1) + 0.1)
> plot(x, z, xlab = "x", ylab = "z", type = "n")
```

```
> num <- length(x)
> for (i in 1:num) {
+   points(x[i], z[i], pch = 1, col = "lightblue",
+       cex = 0.25)
+   Sys.sleep(time = 0.01)
+ }
> par(old.par)
```

我們也可以觀看在 x-y-z 空間之三維動畫 (如圖 8.5.1)：

```
> library(scatterplot3d)

> num <- length(t)
> index <- seq(from = 1, to = num, by = 10)

> win.graph(width = 2.8, height = 2.8, pointsize = 8)
> old.par <- par(mex = 0.8, mar = c(5, 4, 3, 1) + 0.1)

> for (i in index) {
+   scatterplot3d(x[1:i], y[1:i], z[1:i], xlab = "x",
+       ylab = "y", zlab = "z", xlim = range(x),
+       ylim = range(y), zlim = range(z),
+       color = "lightblue", cex.symbols = 0.25)
+   #Sys.sleep(time = 0.0001)
+ }

> par(old.par)
```

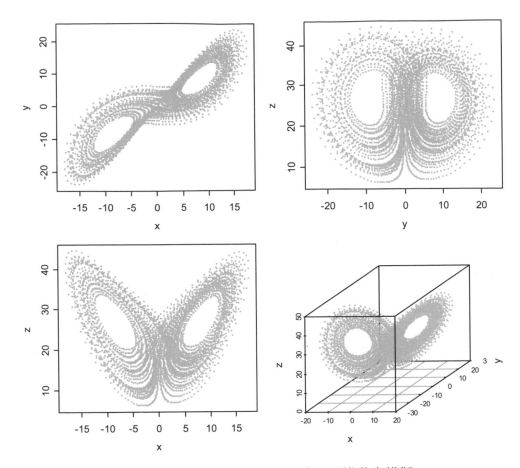

圖 8.5.1：Lorenz 系統之二維及三維動畫模擬

　　由動畫模擬可以看出系統之狀態在左邊的翅膀繞了幾圈之後，又到右邊的翅膀繞了幾圈，如此無止盡地繞下去。系統軌跡是在三度空間中運行，且絕對不會交錯。事實上這是一個混沌軌跡。

例題 8.5.4 ▶▶▶ 假設我們執行一連串的獨立的實驗；每次實驗之結果只有"成功"與"失敗"兩種結果，且"成功"的機率是 p。這樣的隨機過程 (stochastic process, random process) 稱為一個柏努利過程 (Bernoulli process)。我們可以記錄發生"成功"的時間點來代表這個隨機過程。由機率理論可知，兩個接續"成功"時間點之間隔是一個具有幾何分佈 (geometric distribution) 的隨機變數且其參數亦為 p。因此我們可以由以下的步驟來模擬這個隨機過程：

步驟 1：產生一序列獨立且具有相同幾何分佈 (參數為 p) 的隨機變數 T_1, $T_2, \ldots$。

步驟 2："成功"的時間點為 T_1, $T_1 + T_2$, $T_1 + T_2 + T_3, \ldots$。

我們可以寫一個簡單的動畫程式來模擬 10 回合之柏努利過程 ($p = 0.2$) (如圖 8.5.2)：

```
> iteration <- 10
> number <- 10
> prob <- 0.2
> set.seed(1)

> win.graph(width = 4.5, height = 3.3, pointsize = 8)
> old.par <- par(mex = 0.8, mar = c(5, 4, 3, 1) + 0.1)
> plot(c(0, 40), c(0, iteration + 1), type = "n",
+   xlab ="", ylab = "", main = "Bernoulli process")
> for (i in 1:iteration) {
+   waiting.time <- rgeom(number, prob = prob)
+   blip <- cumsum(waiting.time)
+   abline(h = i, lty = 2, col = i)
+   points(blip, rep(i, number), col = i)
+   Sys.sleep(time = 1)
+}
> par(old.par)
```

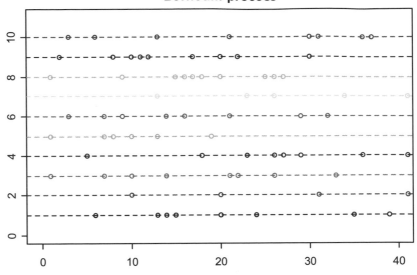

圖 8.5.2：柏努利過程之模擬

例題 8.5.5 ▶▶▶ 一個具 rate 參數為 λ 之卜瓦松過程 (Poisson process) 是常用來描述在給定時間內發生某個事件次數的一個機率模型 (probability model)。我們可以記錄事件發生的時刻來代表這個隨機過程。由機率理論可知，兩個接續事件發生時刻之間隔是一個具有指數分佈 (exponential distribution) 的隨機變數且其 rate 參數亦為 λ。因此我們可以由以下的步驟來模擬這個隨機過程 (如圖 8.5.3)：

步驟 1： 產生一序列獨立且具有相同指數分佈 (rate 為 λ) 的隨機變數 T_1, T_2, ...。

步驟 2： 事件發生的時刻為 T_1, $T_1 + T_2$, $T_1 + T_2 + T_3$, ...。

我們可以寫一個簡單的動畫程式來模擬 10 回合之卜瓦松過程 ($\lambda = 1/2$)：

```
> iteration <- 10
> number <- 10
> rate <- 1 / 2
> set.seed(1)
```

```
> win.graph(width = 4.5, height = 3.3, pointsize = 8)
> old.par <- par(mex = 0.8, mar = c(5, 4, 3, 1) + 0.1)
> plot(c(0, 40), c(0, iteration + 1), type = "n",
+   xlab ="", ylab = "", main = "Poisson process")
> for (i in 1:iteration) {
+   waiting.time <- rexp(number, rate = rate)
+   blip <- cumsum(waiting.time)
+   abline(h = i, lty = 2, col = i)
+   points(blip, rep(i, number), col = i)
+   Sys.sleep(time = 1)
+}
> par(old.par)
```

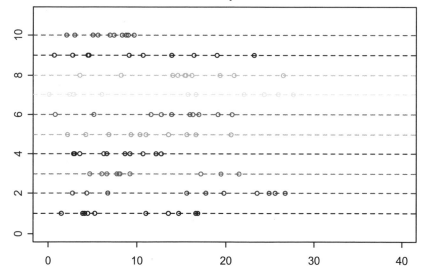

圖 8.5.3：卜瓦松過程之模擬

例題 8.5.6 ▶▶▶ 去氧核糖核酸 DNA 是染色體和基因的組成部分。DNA 的核甘酸 (nucleotide) 共有四種類型，即 A, C, G, T。有學者使用馬可夫鏈 (Markov chain) 來描述 DNA 的突變 (mutation) [Ross, 2007]。由於有四種類型，因此馬可夫鏈的狀態 (state) 有四個。令 $0 < \alpha < 1/3$。假設任一類型會改變的機率為

3α，且改變為另三種類型之機率各為 α。因此不會改變類型的機率為 $1-3\alpha$。假設一開始的狀態分別為 A, C, G, T。現在我們模擬 10 個時間點的狀態變化 (如圖 8.5.4)：

```r
> # 1: "A"; 2: "C"; 3: "G"; 4: "T"

> color <- c("red", "green", "blue", "brown")
> pch <- c("A", "C", "G", "T")

> alpha <- 0.1
> state <- matrix(0, nrow = 10, ncol = 4)
> state[1,] <- c(1, 2, 3, 4)

> set.seed(1)
> for (i in 2:10) {
+   for (j in 1:4) {
+       if (state[i - 1, j] == 1) {
+           state[i, j] <- sample(1:4, size = 1,
+               prob = c(1 - 3 * alpha, alpha / 3, alpha / 3,
+               alpha / 3))
+       } else if (state[i - 1, j] == 2) {
+           state[i, j] <- sample(1:4, size = 1,
+               prob = c(alpha / 3, 1 - 3 * alpha, alpha / 3,
+               alpha / 3))
+       } else if (state[i - 1, j] == 3) {
+           state[i, j] <- sample(1:4, size = 1,
+               prob = c(alpha / 3, alpha / 3, 1 - 3 * alpha,
+               alpha / 3))
+       } else {
+           state[i, j] <- sample(1:4, size = 1,
+               prob = c(alpha / 3, alpha / 3, alpha / 3,
+               1 - 3 * alpha))
+       }
+   }
+}

> win.graph(width = 4.5, height = 3.3, pointsize = 8)
> old.par <- par(mex = 0.8, mar = c(5, 4, 3, 1) + 0.1)
```

```
> plot(NA, type = "n", xlim = c(1, 10), ylim = c(0.5, 4.5),
+   xlab = "time", ylab = "state", main = "DNA mutation")
> axis(side = 1, at = 1:10, label = 1:10)
> abline(v = 1:10, lty = 2, col = "gold")
> for (i in 1:10) {
+   points(rep(i, 4), 1:4, col = color[state[i,]],
+       pch = pch[state[i,]], cex = 2)
+   Sys.sleep(time = 1)
+}

> par(old.par)
```

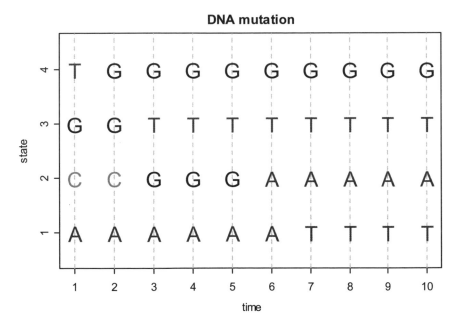

圖 8.5.4：DNA 突變之模擬

我們發現 C 類型的狀態因突變而不見了。

8.6 習題

【**習題** 8.6.1】假設我們要求出一個方程式 $f(x) = 0$ 的一個實根。同時假設函數 $f(x)$ 是一個連續函數。牛頓演算法 (Newton's algorithm) 如下:

$$x_{n+1} = x_n - \frac{f(x_n)}{f'(x_n)}, \ n = 0, 1, \ldots,$$

其中 x_0 是起始猜測 (initial guess)。這個過程一直進行到 $|f(x_n)| < \varepsilon$,其中 ε 是一個很小的容忍常數。請將這個演算法寫成一個副程式。利用此副程式求出下列方程式的一個實根:

(1) $f(x) = x^3 + 2x^2 - 7 = 0$,$x_0 = 2$;

(2) $f(x) = 0.01 \cdot x^3 \cos(x) - 0.2 \cdot x^2 \sin(x) + 0.05 \cdot x - 1 = 0$,$x_0 = 10$.

【**習題** 8.6.2】假設函數 $f(x)$ 在區間 $[a, b]$ 之間只有一個最小值,即存在唯一的 $x*$ 使得 $f(x*) \leq f(x)$ 對所有的 $x \in [a, b]$。我們想把這個最小值求出來。令

$$\tau = \frac{3 - \sqrt{5}}{2}.$$

黃金分割演算法 (golden section algorithm) 可敘述如下:

令

$$x_1 = a + \tau(b - a), \ x_2 = b - \tau(b - a).$$

▶ 若 $f(x_1) < f(x_2)$ 且 $f(a) \leq f(x_1)$,則令 $b = x_1$;

▶ 若 $f(x_1) < f(x_2)$ 且 $f(a) > f(x_1)$,則令 $b = x_2$;

▶ 若 $f(x_1) > f(x_2)$ 且 $f(b) \leq f(x_2)$,則令 $a = x_2$;

▶ 若 $f(x_1) > f(x_2)$ 且 $f(b) > f(x_2)$，則令 $a = x_1$；

▶ 若 $f(x_1) = f(x_2)$，則令 $a = x_1$，$b = x_2$。

這個過程一直進行到 $|b-a| < \varepsilon$，其中 ε 是一個很小的容忍常數。此時 $c = (a+b)/2$ 就是我們估測的 x^*，而 $f(x^*)$ 就是我們估測的最小值。請將這個演算法寫成一個副程式。利用此副程式求出下列函數之最小值：

(1) $f(x) = e^{-x} + x^4$，$x \in [0,1]$；

(2) $f(x) = (x-2)^2$，$x \in [1,5]$；

(3) $f(x) = 0.01 \cdot x^3 \cos(x) - 0.2 \cdot x^2 \sin(x) + 0.05 \cdot x - 1$，$x \in [-10,0]$；

(4) $f(x) = 0.01 \cdot x^3 \cos(x) - 0.2 \cdot x^2 \sin(x) + 0.05 \cdot x - 1$，$x \in [5,10]$；

(5) $f(x) = |x-3.5| + (x-2)^2$，$x \in [1,5]$.

【習題 8.6.3】令 $C_1 = [0,1]$ 且 $0 < \alpha < 1$。令 C_2 是由 C_1 的線段中去除中間 α 比例的開線段所留下來的兩條閉線段。令 C_3 是由 C_2 的兩條線段中各去除中間 α 比例的開線段所留下來的四個閉線段。比方說若 $\alpha = 1/3$，則

$$C_1 = [0,1],$$
$$C_2 = [0,1/3] \cup [2/3,1],$$
$$C_3 = [0,1/9] \cup [2/9,1/3] \cup [2/3,7/9] \cup [8/9,1].$$

令

$$C = \bigcap_{n=1}^{\infty} C_n .$$

此集合稱為一個康托集 (Cantor set)。試將求 C_n 的過程寫成一個副程式。令 $\alpha = 1/3$，請計算出 C_1, C_2, ..., C_{10}，並繪於同一張圖上。

【習題 8.6.4】考慮如下的系統：

$$x_{k+1} = x_k\left(1 - p + px_k^2\right), \ x_k \in [-1, 1] \ (0 \le p \le 4).$$

在 $p = 3.2$ 及 $p = 4$ 系統之動態有很大的不同。假設 $x_0 = 0.45$，試繪出兩條狀態軌跡並說明有何不同？

【習題 8.6.5】一個 Lozi 系統可表示為

$$x_{n+1} = 1 - a|x_n| + y_n, \ y_{n+1} = bx_n, \ |b| < 1,$$

其中 a, b 是系統的控制參數。假設

$$a = 1.7, \ b = 0.3, \ (x_0, y_0) = (0.5, -0.1).$$

試模擬系統之動態並繪出其狀態軌跡。

【習題 8.6.6】考慮如下的系統：

$$\dot{x}_1(t) = x_1(t)x_2(t),$$
$$\dot{x}_2(t) = -x_2(t) + ax_1^2(t), \ a < 0.$$

假設

$$a = -0.4, \ x_1(0) = 1, \ x_2(0) = 2.$$

請模擬系統之動態並繪出其相位軌跡。

【**習題** 8.6.7】考慮如下的系統：

$$\ddot{x} + c\dot{x} - x\left(1 - x^2\right) = k\cos(\Omega t).$$

其中 c, k, Ω 為常數。定義

$$x_1 = x,\ x_2 = \dot{x},$$

則可得

$$\dot{x}_1 = x_2,\ \dot{x}_2 = x_1\left(1 - x_1^2\right) - cx_2 + k\cos(\Omega t).$$

假設

$$c = 0.1,\ k = 1,\ \Omega = 2,\ \left(x_{10}, x_{20}\right) = (0.1, 0.2).$$

請模擬系統之動態並繪出其相位軌跡。

【**習題** 8.6.8】考慮如下著名的 Rössler 系統：

$$\dot{x} = -y - z,\ \dot{y} = x + ay,\ \dot{z} = b + z\left(x - c\right),$$

其中 a, b, c 為常數。假設

$$a = 0.2,\ b = 0.2,\ c = 5.7,\ \left(x_0, y_0, z_0\right) = (5, 5, 10).$$

請模擬系統之動態並繪出其相位軌跡。

【**習題** 8.6.9】考慮上題之 Rössler 系統。請繪出 x-y, y-z, x-z 參個平面之二維動畫及在 x-y-z 空間之三維動畫。

【**習題** 8.6.10】考慮一個有 5 個狀態的馬可夫鏈。假設 $p(i, j)$ 是代表由狀態 i 轉移至狀態 j 的機率。令 $0 \leq \alpha \leq 1$ 且

$$p(i, i+1) = \alpha, \ p(i, i-1) = 1-\alpha, \ i = 2, 3, 4,$$
$$p(1, 2) = 1, \ p(5, 5) = 1.$$

假設 $\alpha = 1/2$ 且一開始的狀態分別為 1, 2, 3, 4。請以寫個簡單的動畫程式來模擬 10 回合之隨機過程。

常用進階技術

R 提供了大量的統計與繪圖函數,使用者可以用來執行各式各樣的統計運算以及製作精美的圖表。為了提高通用性以提供使用者更多元的選擇,R 也提供了許多的函數用來存取各種商用軟體的檔案格式,如 SPSS 的 sav 檔, SAS 的 xpt 檔, Stata 的 dta 檔, 和 Excel 的 xls 檔等。此外 R 也可以將程式中的變數以及資料儲存成 MATLAB .mat 的格式,之後使用者可以在 MATLAB 的工作區直接開啟使用;另外 MATLAB 的資料也可以儲成 .mat 的格式,再使用 R 讀進來使用。另外,使用者也可以在 R 的環境之中直接呼叫 C++ 或 Python 語言撰寫的副程式,因為這些程式碼是經過編譯的,所以可以大大提升 R 的執行效率。

9.1 其他檔案格式之輸出輸入

在 R 的環境中讀取其他格式的檔案有很多方法,最為普遍的是使用共通資料儲存格式,即分界元為逗號的 CSV (Comma Separated Values) 檔。任何工具所產生的 .csv 檔 R 都可以使用 read.csv() 或 read.table() 讀取;當然也可以使用 write.csv() 或 write.table() 將資料儲存為 .csv 的格式,以方便其他工具使用。此方式不需更動任何軟體操作習慣與學習新程式撰寫指令,即可進行資料共用,如圖 9.1.1 所示。

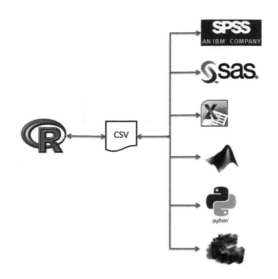

圖 9.1.1：使用共同資料儲存格式 CSV 檔案進行資料共用

在執行本章之 1~3 節中之所有例題時，我們設定的工作目錄如下：

```
> setwd("D:/Practical-R-Programming/R-Files")
```

例題 9.1.1 ▶▶▶ 我們可以使用已預設載入之 read.cvs() 函數讀取共同資料儲存格式檔案 car.csv，如下所示：

```
> Car <- read.csv("car.csv")
> head(Car)

    MAKE PRICE MPG REP78 FOREIGN
1   AMC  4099  22    3      0
2   AMC  4749  17    3      0
3   AMC  3799  22    3      0
4   Audi 9690  17    5      1
5   Audi 6295  23    3      1
6   BMW  9735  25    4      1
```

在函數 read.cvs() 中須注意是否讀取檔頭，header 參數預設值為 TRUE，若不需要讀取檔頭時可設定為 FALSE。

使用上述的方法雖然可以解決資料共用問題，但是如果資料早已由其他軟體產生，並已經儲存為其特有格式如 SPSS 的 sav, SAS 的 xpt, 和 Stata 的 dta 等，此時 R 需要使用特別的套件所提供的函數來讀取。有關 R 套件以及相對的各種軟體工具之檔案格式如圖 9.1.2 上半部所示。

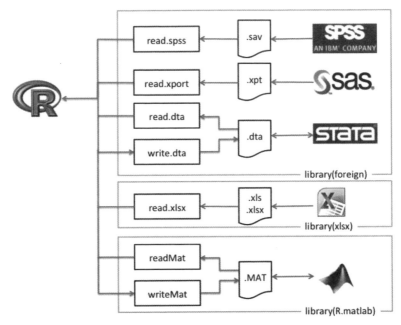

圖 9.1.2：使用 R 套件進行資料共用

底下介紹使用 R 的 foreign 套件來對 SPSS, SAS, 和 Stata 等檔案進行輸入與輸出。foreign 套件提供下列函數進行資料讀取功能：

- ▸ read.spss()   # 讀取 SPSS 格式檔案

- ▸ read.xport()   # 讀取 SAS 格式檔案

- ▸ read.dta()   # 讀取 Stata 格式檔案

- ▸ read.dbf()   # 讀取 dbf 格式檔案

- ▸ write.foreign()   # 儲存 SPSS, SAS, Stata 格式檔案

例題 9.1.2 ▶▶▶ 我們可以使用 foreign 套件的 read.spss() 指令讀取 SPSS 檔案 cars.sav，如下所示：

```
> library(foreign)
> Car <- read.spss("cars.sav")
> str(Car)

List of 9
 $ MPG      : num [1:406] 18 15 18 16 17 ...
 $ ENGINE   : num [1:406] 307 350 318 304 302 ...
 $ HORSE    : num [1:406] 130 165 150 150 140 ...
 $ WEIGHT   : num [1:406] 3504 3693 3436 3433 3449 ...
 $ ACCEL    : num [1:406] 12 11.5 11 12 10.5 ...
 $ YEAR     : Factor w/ 14 levels "0 (Missing)",..: 2 2 ...
 ...
```

其中 YEAR 欄位被設定為 Factor。若要指定成為一般向量可以設定 use.value.labels = FALSE 參數，如下所示：

```
> Car1 <- read.spss("cars.sav", use.value.labels = FALSE)
> str(Car1)

List of 9
 $ MPG      : num [1:406] 18 15 18 16 17 ...
 $ ENGINE   : num [1:406] 307 350 318 304 302 ...
 $ HORSE    : num [1:406] 130 165 150 150 140 ...
 $ WEIGHT   : num [1:406] 3504 3693 3436 3433 3449 ...
 $ ACCEL    : num [1:406] 12 11.5 11 12 10.5 ...
 $ YEAR     : atomic [1:406] 70 70 70 70 70 ...
  ..- attr(*, "value.labels")= Named num [1:14] 82 81 ...
  .. ..- attr(*, "names")= chr [1:14] "82" "81" ...
 ...
```

例題 9.1.3 ▶▶▶ 我們可以使用 foreign 套件中的 read.xport() 函數讀取 SAS 檔案 cars.xpt，如下所示：

```
> library("foreign")
> Car <- read.xport("cars.xpt")
> head(Car)

  MAKE PRICE MPG REP78 FOREIGN
1 AMC  4099  22   3      0
2 AMC  4749  17   3      0
3 AMC  3799  22   3      0
4 Audi 9690  17   5      1
5 Audi 6295  23   3      1
6 BMW  9735  25   4      1
```

儘管 R 可以透過套件讀取不同格式的檔案，但 R 有時會發生讀取錯誤的情形，因此一般建議將檔案轉存為 csv 格式，再使用 read.csv() 或 read.table() 讀取。

9.2 存取 MATLAB 之 .mat 檔案格式

有些軟體如 MATLAB，使用者可以將整個或部分工作區的資料儲存起來，儲存的資訊包括資料的變數名稱及其資料內容如向量、矩陣或資料表等。本節介紹使用 R 的 R.matlab 套件中之 readMat() 與 writeMat() 函數來對 MATLAB 之 .mat 檔案進行輸入與輸出，如圖 9.1.2 下半部所示。

例題 9.2.1 ▶▶▶ 在此例題中我們使用 R 產生 Ra, Rb, Rc 三個陣列，並以 mat 格式存檔為 Ma, Mb, Mc 三個陣列，以供 MATLAB 使用，如下所示：

```
> library(R.matlab)
> Ra <- matrix(1:6, nrow = 2, ncol = 3)
> Rb <- as.matrix(1:5, nrow = 1)
> Rc <- array(1:18, dim = c(2, 3, 3))
> filename <- paste("myMatlabData", ".mat", sep = "")
> writeMat(filename, Ma = Ra, Mb = Rb, Mc = Rc)
```

此時系統將產生 Ra, Rb, Rc 三個陣列。我們使用 paste 將檔案名稱加上 MATLAB 副檔名 .mat 產生名稱為 myMatlabData.mat 的一個檔案，並將三個陣列的變數名稱及其內容存入。接下來我們可以進入 MATLAB 讀取 myMatlabData.mat，並檢視 Ma, Mb, Mc 陣列。下列為 MATLAB 環境之操作：

```
>> load('myMatlabData.mat')
>> Ma
Ma =
          1              3              5
          2              4              6
>> Mb
Mb =
          1     2     3     4     5
>> Mc
Mc(:,:,1) =
          1              3              5
          2              4              6
Mc(:,:,2) =

          7              9             11
          8             10             12
Mc(:,:,3) =
         13             15             17
         14             16             18
```

比照原 R 程式，由 MATLAB 讀取的資料完全正確。

例題 9.2.2 ▶▶▶ 在此例題中我們使用 MATLAB 產生 Maa, Mbb, Mcc 三個陣列，並以 .mat 格式存檔，再進入 R 環境使用 readMat() 函數讀進來。首先啟動 MATLAB 產生一維陣列 Maa、二維陣列 Mbb 與三維陣列 Mcc，並使用 save() 指令將三個陣列存為 myMatlabData.mat，如下所示：

```
>> Maa = [1:7]
Maa =
     1     2     3     4     5     6     7
```

```
>> Mbb = [Maa ; Maa + 7 ; Maa + 14]
Mbb =
     1     2     3     4     5     6     7
     8     9    10    11    12    13    14
    15    16    17    18    19    20    21

>> Mcc(:,:,1) = Mbb
Mcc =
     1     2     3     4     5     6     7
     8     9    10    11    12    13    14
    15    16    17    18    19    20    21

>> Mcc(:,:,2) = Mbb + Mbb
Mcc(:,:,1) =
     1     2     3     4     5     6     7
     8     9    10    11    12    13    14
    15    16    17    18    19    20    21
Mcc(:,:,2) =
     2     4     6     8    10    12    14
    16    18    20    22    24    26    28
    30    32    34    36    38    40    42

>> Mcc(:,:,3) = Mbb .* Mbb
Mcc(:,:,1) =
     1     2     3     4     5     6     7
     8     9    10    11    12    13    14
    15    16    17    18    19    20    21
Mcc(:,:,2) =
     2     4     6     8    10    12    14
    16    18    20    22    24    26    28
    30    32    34    36    38    40    42
Mcc(:,:,3) =
     1     4     9    16    25    36    49
    64    81   100   121   144   169   196
   225   256   289   324   361   400   441

>> save myMatlabData
```

接著啟動 R，並使用 readMat() 函數讀入 myMatlabData.mat 檔案，並查看其資料進行比對，如下所示：

```
> library(R.matlab)
> data <- readMat("myMatlabData.mat")
> str(data)

List of 3
 $ Maa: num [1, 1:7] 1 2 3 4 5 6 7
 $ Mbb: num [1:3, 1:7] 1 8 15 2 9 16 3 10 17 4 ...
 $ Mcc: num [1:3, 1:7, 1:3] 1 8 15 2 9 16 3 10 17 4 ...
 - attr(*, "header")=List of 3
  ..$ description: chr "MATLAB 5.0 MAT-file, ..."
  ..$ version    : chr "5"
  ..$ endian     : chr "little"

> data$Maa
     [,1] [,2] [,3] [,4] [,5] [,6] [,7]
[1,]    1    2    3    4    5    6    7

> data$Mbb
     [,1] [,2] [,3] [,4] [,5] [,6] [,7]
[1,]    1    2    3    4    5    6    7
[2,]    8    9   10   11   12   13   14
[3,]   15   16   17   18   19   20   21

> data$Mcc
, , 1

     [,1] [,2] [,3] [,4] [,5] [,6] [,7]
[1,]    1    2    3    4    5    6    7
[2,]    8    9   10   11   12   13   14
[3,]   15   16   17   18   19   20   21

, , 2

     [,1] [,2] [,3] [,4] [,5] [,6] [,7]
[1,]    2    4    6    8   10   12   14
```

```
[2,]    16    18    20    22    24    26    28
[3,]    30    32    34    36    38    40    42

, , 3

      [,1] [,2] [,3] [,4] [,5] [,6] [,7]
[1,]    1    4    9   16   25   36   49
[2,]   64   81  100  121  144  169  196
[3,]  225  256  289  324  361  400  441
```

比照原 MATLAB 程式，由 R 讀取的資料完全正確。

9.3 使用 R 呼叫 C/C++ 程式

在 R 的環境之中，使用者可以藉由 .C(), .Call(), .Python(), evaluate() 等函數直接呼叫其他語言所撰寫的副程式，如 C, C++, Python, 與 MATLAB 等，以提高執行效率。此方法藉由 R 控制所有外部程式語言執行與資料共用，具有極佳的彈性與便利性，也能彌補 R 在大量運算時的效率問題。使用者須熟悉 R 與其他程式語言，且須先進行外部程式撰寫與編譯，最重要的是要了解呼叫的機制。本節將介紹在 R 的環境之中，使用者可以採取下列方式呼叫 C/C++ 語言撰寫的副程式：

(1) 使用 C 介面函數：優點為簡易，但是功能受限

(2) 使用 .Call 介面函數：優點為功能完整，但是語法複雜

(3) 使用 .External 介面函數：參數個數不受限

(4) 使用 Rcpp 與 inline 套件：簡化使用程序

由於 .C, .Call, .External 使用起來較為繁雜且需要先行在 R 的環境外撰寫程式與編譯，再使用 dyn.load() 載入，比較麻煩。本文僅介紹較為方便的方式，即使用 Rcpp 與 inline 套件。

Rcpp 套件簡化了 R 與 C++ 間的呼叫介面且與 .Call 相容，程式碼精簡易讀。在 R 中 inline 套件提供撰寫以及呼叫 C++ 程式碼，可以簡化使用程序，

且不需要另外編輯與編譯 .c 或 .cpp 檔，也不需要另外載入 .so 檔。使用 cxxfunction() 函數並設定參數 plugin = "Rcpp" 可與 Rcpp 整合。以下示範 inline 與 Rcpp 整合的範例程式。使用者須先安裝 inline 與 Rcpp 這兩個套件，同時在此提醒 Windows 使用者，要先下載 Rtools 並進行安裝之後才可以使用。安裝過程中系統會自動將 C:\Rtools\bin 以及 C:\Rtools\gcc-4.6.3\bin 兩個搜尋路徑加入系統路徑 (即系統參數 path)，使用者應自行確認，若不存在則必須手動加入。要下載 Rtools 可至下列網站：

http://cran.r-project.org/bin/windows/Rtools/Rtools31.exe

安裝 Rtools 的過程中，使用者須勾選 "Edit the system PATH" 之選項，如下圖所示：

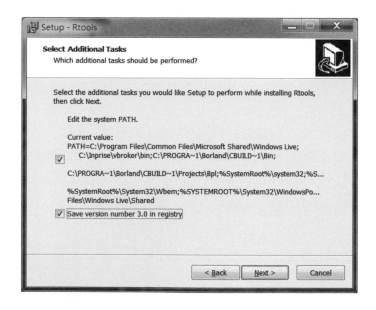

　　在 R 環境中使用 C++ 撰寫程式可分為幾個步驟 (詳情請參考 [例題 9.3.1])：

(1)　在 R 環境中轉換 C++ 程式碼為 Rcpp 格式。

(2)　使用 inline 編譯與連結以建立函數。

(3)　在 R 中呼叫 C++ 函數。

例題 9.3.1 ▶▶▶ 在此例題中我們示範在 R 環境中使用 C++ 所撰寫的累加器副程式。此 C++ 累加器副程式之程式碼如下所示，其中輸入為陣列 x 且此陣列長度為 n，計算後輸出總和 sum。下列為 C 的原始程式碼：

```c
int mysum(int * x, int n){
    double sum = 0;
    for(int i = 0; i < n; i++) {
        sum = sum + x[i];
    }
    return sum;
}
```

接著必須將 C++ 副程式改寫成為 Rcpp 格式，才能在 R 環境中呼叫使用，程式如下：

```
> my.sum <- '
+ Rcpp::NumericVector x(input);
+ double sum = 0;
+ int n = x.size();
+
+ for(int i = 0; i < n; ++i) {
+   sum = sum + x[i];
+ }
+ return Rcpp::wrap(sum);
+ ';
```

接著使用 inline 套件對函數進行編譯與連結：

```
> library(inline)
> sum.fun <- cxxfunction(
+ signature(input = "numeric"),
+ my.sum,
+ plugin = "Rcpp"
+ )
```

完成函數編譯與連結後即可使用 R 呼叫 C++ 函式：

```
> sum.fun(1:10)
[1] 55
```

9.4 使用 R 呼叫 Python 程式

Python 是 1990 年出現的新一代程式語言，屬通用型 (general purpose) 的語言。其最大的特色是語法平易近人、跨平台、廣泛多元的套件、開源、眾多而且強大的社群。這幾年來最熱門的人工智慧 (artificial intelligence, AI) 以及機器學習 (machine learning) 幾乎都使用 Python 來實現。R 程式語言是專為統計運算而設計的，在統計方面絕對是佼佼者，可是如果用來做比較複雜的科學運算，其執行效率就會低很多，這種情況下，我們就可以借由呼叫 Python 來完成這些複雜運算，以提升整體的效率。

最近 KDnuggets Analytics 的軟體調查中，Python 和 R 位居資料科學和機器學習軟體的前兩名。如果你從事統計或人工智慧領域之工作或研究而想提高在資料科學領域的能力，就要竭力學習這兩種語言，並在兩種語言中切換使用適合的套件。早期 R 使用 rpython 套件進行 Python 語言的呼叫，但只支援 UNIX-like 的作業平台，Windows 系統則需要使用 rPython-win 套件，然而 2015 年之後就停止更新。2017 年 Rstudio 開發了一個名為 Reticulate (網目錦蛇) 的套件，透過套件所提供的指令，我們可以在 R 的環境上執行 Python 的套件與函數。詳細說明文件可參考：

https://cran.r-project.org/web/packages/reticulate/index.html

Reticulate 的主要功能是在 R 的執行環境中嵌入一個 Python 的執行環境，其中在 Python 程式使用方面，提供了多種的呼叫方式；在資料格式方面，如 R 矩陣與 ndarray (Numpy 套件) 之間、R 環境的 "data frame" 跟 Pandas 套件的 "dataframe" 之間等，提供了格式的自動轉換，為這種語言提供了一個高效率的接軌。

安裝 Reticulate 之後可以使用 library(reticulate) 指令載入 R 的環境之中，接著就可以使用 Python 的指令。以下介紹幾個 Recticulate 常用的指令：

(1) 檢查 Python 的安裝狀態：如果返回的是 TRUE，表示系統已經有 Python。

```
> py_available()
[1] TRUE
```

(2) 檢視 Python 的詳細資訊：如 Python 目前安裝的路徑、發行版本、位元架構版本與安裝套件 Anaconda 和 Numpy 的詳細資訊。

```
> py_config()
python:         D:\Anaconda3\python.exe
libpython:      D:/Anaconda3/python36.dll
pythonhome:     D:\Anaconda3
version:          3.6.4 |Anaconda, Inc.| (default, Jan 16
2018, 10:22:32) [MSC v.1900 64 bit (AMD64)]
Architecture:   64bit
numpy:          D:\Anaconda3\lib\site-packages\numpy
numpy_version:  1.14.0
```

(3) 檢視目前所使用的 Python 之安裝路徑。

```
> Sys.which("python")
python
"D:\\Anaconda3\\python.exe"
```

(4) 切換不同的 Python 版本與套件組合。

```
> use_python("D:\\Anaconda3\\envs\\r-reticulate\\python.exe")
```

Reticulate 套件提供 4 種方式來使用 Python：

(1) 使用 import() 導入 Python 模組套件，透過使用$運算元來指定模組與類別名稱呼叫副程式或使用物件。請參閱例題 9.4.1。

(2) 使用 source_python() 函式呼叫執行 Python 程式碼,並回傳執行結果給 R session 繼續完成後續工作。請參閱例題 9.4.2。

(3) 使用 repl_python() 產生一個與 Python 互動的控制台,使用者可以在 R session 中建立互動式 Python 控制台,也可以在 Python 中建立可在 R 中使用的物件。這種方式可以使 Python 和 R 交互傳遞資料,幾乎不需要改寫任何 Python 的程式。請參閱例題 9.4.3。

(4) 搭配 R Markdown 機制的新 Python 語言引擎,它提供 R 與 Python 雙向的資訊流通 (R chunks 可以與 Python objects 雙向存取資料)。R Markdown 一次達到程式碼的可再現性及添加文字說明的兩個目的。

例題 9.4.1 ▶▶▶ 本例題示範如何在 R 環境中載入 Python 的 os 套件,下達 Python 的指令 os.getcwd() 並使用 os.listdir() 檢視工作目錄與目錄中之檔案:

Python code	R Code
| ```
import os as os
os.getcwd()
os.listdir()
``` | ```
os <- import("os")
os$getcwd()
os$listdir()
``` |

```
> os <- import("os")
> os$getcwd()
> os$listdir()
```

例題 9.4.2 ▶▶▶ 本例題示範如何撰寫 Python 副程式開啟 air.py,由 R 呼叫讀取 excel 檔案並使用 ggplot2 繪圖。AIR.xlsx 資料下載網址如下:

https://sites.google.com/site/pocketecoworld/AIR.xlsx?attredirects=0

```
import pandas as pd                          # 載入"panda"資料集
def read_air(file):
  travel = pd.read_excel(file)               # 載入資料集
  travel.groupby("Year").AIR.mean()          # 按Year分組
```

```
    t = travel.loc[(travel.Month >= 6) & (travel.Year >=
1955),:]
    # 篩選數據個案
    return t
```

執行結果：

```
> source_python("air.py")
> t <- read_air("AIR.xlsx")
> # 利用ggplot2繪製折線圖
> library(ggplot2)
> ggplot(t, aes(AIR, Year)) + geom_line()
```

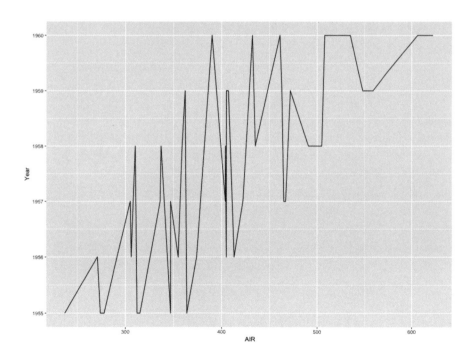

例題 9.4.3 ▶▶▶ 本例題示範如何使用 repl_python() 建立 R 與 Python 互動式控制台進行 AIR.xlsx 資料分析。

```
repl_python()                           #進入python互動式控制台進行
python程式
```

```
import pandas as pd                # 載入"panda"資料集
travel = pd.read_excel("AIR.xlsx") # 載入資料集
travel.shape                       # 顯示資料集的行列數
travel.groupby("Year").AIR.mean()  # 按Year分組
t = travel.loc[(travel.Month >= 6) & (travel.Year >=
1955),:]                           # 篩選數據個案
exit                               # 回到R
summary(py$t)                      # 使用R函數分析Python物件資料
library(ggplot2)                   # 利用ggplot2繪製折線圖
ggplot(py$t, aes(AIR, Year)) + geom_line()
```

使用 repl_python() 建立 R 與 Python 互動式控制台並進入後，需要鍵入 "exit"
來返回到 R 對話，之後即可讀取在 Python 環境中建立的資訊和物件。使用 R
的 summary() 函數並讀取在 Python 中建立的資料集 t。最後，使用 ggplot2 套
裝軟體繪製折線圖。

執行結果：

```
> repl_python()   # 進入python互動式控制台進行python程式
Python 3.6.4 (D:\Program Files\R\R-3.5.0\bin\x64\Rgui.exe)
Reticulate 1.7 REPL -- A Python interpreter in R.
>>> import pandas as pd  # 載入"panda"資料集
>>> travel = pd.read_excel("AIR.xlsx")  # 載入資料集
>>> travel.shape  # 顯示資料集的行列數
(144, 3)
>>> travel.groupby("Year").AIR.mean()   # 按某一標誌分組
Year
1949     126.666667
1950     139.666667
1951     170.166667
1952     197.000000
1953     225.000000
1954     238.916667
1955     284.000000
1956     328.250000
1957     368.416667
1958     381.000000
```

```
1959    428.333333
1960    476.166667
Name: AIR, dtype: float64
>>> t = travel.loc[(travel.Month >= 6) & (travel.Year >=
1955),:]   # 篩選數據個案
>>> exit
> summary(py$t)
    Month       Year        AIR
 Min.   : 6   Min.   :1955 Min.   :237.0
 1st Qu.: 7 1st Qu.:1956   1st Qu.:336.2
 Median : 9 Median :1958   Median :404.0
 Mean   : 9 Mean   :1958   Mean   :402.7
 3rd Qu.:11 3rd Qu.:1959   3rd Qu.:464.5
 Max.   :12 Max.   :1960   Max.   :622.0
>
> library(ggplot2)   # 利用ggplot2繪製折線圖
> ggplot(py$t, aes(AIR, Year)) + geom_line()
```

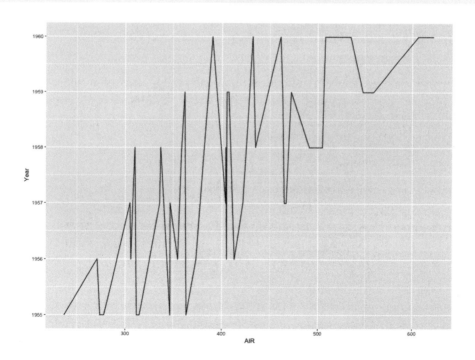

9.5 建立 R 套件與上架

使用者可以將自行開發系列的 R 函數以及其相關資料包裝成為套件,以方便自己使用,同時也可以上架供其他的使用者使用。在此 R 的函數可以是使用 R 撰寫的程式,也可以是使用其他語言撰寫的程式。包裝成套件之後,使用者便可以很容易地使用 library() 進行載入。

首先使用者指定一個工作目錄,比方說 "D:/newpkg"。接著使用 package.skeleton() 建構套件的架構,此時 R 控制台內的物件會自動地置入 mypkg 於子目錄 data 內。詳情如下例所示。

例題 9.5.1 ▶▶▶ 若要在 R 環境中建立套件名為 mypkg 的套件架構,可以使用下列的指令:

```
> setwd("D:/newpkg")
> package.skeleton("mypkg")
Creating directories ...
Creating DESCRIPTION ...
Creating NAMESPACE ...
Creating Read-and-delete-me ...
Saving functions and data ...
Making help files ...
Done.
Further steps are described in './mypkg/Read-and-delete-me'.

> setwd("D:/newpkg/mypkg")
> dir()
[1] "data"             "DESCRIPTION"      "man"
[4] "NAMESPACE"        "R"                "Read-and-delete-me"
[7] "src"
```

在"D:/newpkg/mypkg"目錄中,DESCRIPTION 檔案為套件基本資料,其內容如下:

```
Package: mypkg
Type: Package
```

```
Title: What the package does (short line)
Version: 1.0
Date: 2013-11-20
Author: Who wrote it
Maintainer: Who to complain to <yourfault@somewhere.net>
Description: More about what it does (maybe more than one
line)
License: What license is it under?
```

其中有套件名稱 (Package)、版本 (Version)、作者 (Author) 等資訊,使用者宜根據需求修改 "Title" 和 "Description" 之內容,以方便紀錄和後續的版本控制。接著放置相關資料於對應子目錄,分別為將自行開發的 R 函數放到子目錄 "R" 底下、C/FORTRAN 程式碼放到子目錄 "src" 底下、資料集放到子目錄 "data" 底下;另外 LaTeX 寫的文件放到子目錄 "man" 底下。在完成相關文件的對應目錄置放後,執行下列指令:

```
> shell("RCMD CHECK mypkg")
```

這指令將會檢查套件資料是否正確。如有出現錯誤訊息,將依其錯誤訊息指示進行修正。此動作主要檢查此套件是否符合文件編輯的規範,以及文件內所提供的例子是否會發生錯誤。檢查結果有三種狀態,分別為 OK, Warning, 與 Error。當檢查結果為 Error 時必須要修正錯誤,使檢查結果至少達到 Warning 等級。完成之後必須執行下列函數,才能產生套件檔,完成套件開發:

```
> shell("RCMD INSTALL mypkg")
> shell("RCMD BUILD mypkg")
```

　　套件檔之格式官方基於安全考量不接受二進位 (binary) 編碼,所以必須將所開發的套件包裝產生可公開散布的套件壓縮格式檔案如 mypkg.tar.gz。製作完成的套件如果需要放到 CRAN 上公開時,"Writing R Extensions" 文件中規範所有須注意規範,需仔細參考閱讀注意規範。

將套件製作成mypkg.tar.gz 檔後，若要上架還需完成兩樣工作：

(1) 連結 ftp://CRAN.R-project.org/incoming 並將 mypkg.tar.gz 上傳至 R CRAN 的 /incoming 目錄下。

(2) 使用 email 通知 R CRAN 管理者，在信件主題欄位寫入下列訊息：「'CRAN submission PACKAGE VERSION'」，其中 PACKAGE 是套件名稱、VERSION 是套件版本，並在 email 內容說明上傳的套件名稱與套件功能。

當使用者需要安裝自製套件 mypkg 時，先執行下列函數：

```
> install.packages(choose.files(""), type = "source")
```

函數執行之後，會顯示對話框，使用者須選取 mypkg.tar.gz 來安裝自製套件，接著使用 library() 函數載入即可：

```
> library(mypkg)
```

與本章相關之更進一步素材可參考底下之網站：

▶ http://www.stat.psu.edu/~dsy109/SOS_Talk.pdf

▶ http://cran.r-project.org/doc/manuals/R-exts.pdf

▶ http://cran.r-project.org/web/packages/R.matlab/R.matlab.pdf

▶ http://cran.r-project.org/web/packages/foreign/foreign.pdf

▶ http://www.mathworks.com/matlabcentral/fileexchange/5051

一些自訂之函數

```
#############

## Bisection method for finding the root of a univariate algebraic equation f(x) = 0
## within the interval [a, b]
## Reference: [Rizzo, p. 327]

# Arguments:

# f: function
# a: left end of the interval [a, b]
# b: left end of the interval [a, b]
# eps: the tolerance
# max.iteration: maximum number of iterations

# Values

# root: estimated root
# value: f(root)
# iteration: number of iterations

bisection.eq <- function(f, a = 0, b = 1, eps = 1.0e-6, max.iteration = 1000)

{
    go <- 1; iteration <- 0

    if (abs(f(a)) < eps) {
        root <- a
```

```
            value <- f(root)
            go <- 0
    } else if (abs(f(b)) < eps) {
            root <- b
            value <- f(root)
            go <- 0
    } else if (f(a) * f(b) > 0) {
            stop("error: f does not have opposite signs at endpoints.", "\n")
    }

    while (go == 1) {

            iteration <- iteration + 1

            delta <- abs(b - a)  # In this way, a can be less than b.
            c <- 0.5 * (a + b)

            if (delta < eps) {
                    root <- c
                    value <- f(root)
                    go <- 0
            } else {
                    if (abs(f(c)) < eps) {
                            root <- c
                            value <- f(root)
                            go <- 0
                    } else if (f(a) * f(c) < 0) {
                            b <- c
                    } else {
                            a <- c
                    }

                    if (iteration == max.iteration) go <- 0
            }

    } # end of the main loop

    return(list(root = root, value = value, iteration = iteration))
```

```
} # end of the program

##############

## Line search using Newton-Raphson method
## Reference: [Braun anf Murdoch, p. 135]

# Arguments

# f: function to be minimized
# fp: the first derivative of f
# fpp: the second derivative of f
# x0: initial guess
# eps: tolerance
# max.iteration: maximum number of iterations

# Values

# minimizer: minimizer
# min.value: minimum value
# iteration: number of iterations

newton.raphson <- function(f, fp, fpp, x0 = 0, eps = 1.0e-6, max.iteration = 1000)

{
    # main loop

    go <- 1; iteration <- 0
    x <- x0

    while (go == 1) {

        iteration <- iteration + 1

        fx <- f(x)
        fpx <- fp(x)
        fppx <- fpp(x)

        if (abs(fpx) < eps) {
```

```
                    cat("x = ", x, "  fpx = ", fpx, "  fppx = ", fppx, "\n\n")
                    minimizer <- x
                    min.value <- fx
                    go <- 0
            } else {
                if (abs(fppx) < eps) {
                    stop("error: The denominator is zero!")
                } else {
                    x <- x - fpx / fppx
                }
            }

            if (iteration == max.iteration) go <- 0

    } # end of the main loop

    return(list(minimizer = minimizer, min.value = min.value, iteration = iteration))

} # end of the program

#############

## R codes for simulating discrete-time dynamical systems

# Arguments:

# f: a list of functions
# t0: initial time (must be an integer)
# tf: final time (must be an integer)
# x0: vector of initial conditions

# Values:

# n: number of dimension; number of state variables
# time: time instants
# state: state trajectory

discrete.sys.sim <- function(f, t0 = 0, tf = 10, x0)
```

```
{
    n <- length(f)
    time <- t0:tf
    length.total <- length(time)

    if (n == 1) {
        x <- numeric(length.total)
        x[1] <- x0
        for (i in 2:length.total) { x[i] <- f(x[i-1]) }
    }

    if (n > 1) {
        x <- matrix(0, nrow = length.total, ncol = n)
        x[1, ] <- x0
        for (i in 2:length.total) {
            for (j in 1:n) {
                x[i, j] <- f[[j]](x[i-1, ])
            }
        }
    }

    return(list(n = n, time = time, state = x))

} # end of the algorithm

#############

## R codes for simulating continuous-time dynamical systems with an input term
## x^dot(t) = f(x(t)) + g(t)
## Integrating systems of ordinary differential equations

# Arguments:

# f: a list of functions
# t0: initial time
# tf: final time
# x0: vector of initial conditions
# step: time step of integration
# input.status: TRUE if there is an input term (forcing function)
```

```
# g: a list of forcing functions
# method: numerical methods for integration;
# method = c("Euler", "Imporved-Euler", "Runge-Kutta")

# Values:

# n: number of dimension; number of state variables
# time: time instants
# state: state trajectory

continuous.sys.sim <- function(f, t0 = 0, tf = 10, x0, step, input.status = FALSE, g,
method = "Runge-Kutta")

{
    n <- length(f)
    vf.temp <- vf <- numeric(n)
    k4 <- k3 <- k2 <- k1 <- vf.temp <- numeric(n)

    length.total <- ceiling((tf - t0) / step) + 1
    time <- seq(from = t0, to = t0 + step * (length.total - 1), by = step)
    if (time[length.total] > tf) { time[length.total] <- tf }
    step.final <- tf - time[length.total - 1]
    x <- matrix(0, nrow = length.total, ncol = n)
    x[1, ] <- x0
    x.old <- x0

    if (n == 1) { f <- list(f) }

    if (input.status == TRUE) {
        if (n == 1) { g <- list(g) }
        input <- matrix(0, nrow = length.total, ncol = 2)
        for (j in 1:n) { input[, j] <- g[[j]](time) }
    }

    if (method == "Euler") {
        for (i in 2:length.total) {
            if (input.status == TRUE) {
                for (j in 1:n) { vf[j] <- f[[j]](x.old) + input[i - 1, j] }
            } else {
```

```
                   for (j in 1:n) { vf[j] <- f[[j]](x.old) }
               }
               if (i == length.total) { step <- step.final }
               x.new <- x.old + step * vf
               x[i, ] <- x.new
               x.old <- x.new
        }
    }

    if (method == "Improved-Euler") {
        for (i in 2:length.total) {
            if (input.status == TRUE) {
                for (j in 1:n) { vf.temp[j] <- f[[j]](x.old) + input[i -1, j] }
            } else {
                for (j in 1:n) { vf.temp[j] <- f[[j]](x.old) }
            }
            if (i == length.total) { step <- step.final }
            x.temp <- x.old + step * vf.temp
            if (input.status == TRUE) {
                for (j in 1:n) { vf[j] <- f[[j]](x.temp) + input[i - 1, j] }
            } else {
                for (j in 1:n) { vf[j] <- f[[j]](x.temp) }
            }
            x.new <- x.old + 0.5 * step * (vf.temp + vf)
            x[i, ] <- x.new
            x.old <- x.new
        }
    }

    if (method == "Runge-Kutta") {
        for (i in 2:length.total) {
            if (input.status == TRUE) {
                for (j in 1:n) { vf[j] <- f[[j]](x.old) + input[i - 1, j] }
            } else {
                for (j in 1:n) { vf[j] <- f[[j]](x.old) }
            }
            if (i == length.total) { step <- step.final }
            k1 <- step * vf
            x.temp <- x.old + 0.5 * k1
```

```
                    if (input.status == TRUE) {
                        for (j in 1:n) { vf[j] <- f[[j]](x.temp) + input[i - 1, j] }
                    } else {
                        for (j in 1:n) { vf[j] <- f[[j]](x.temp) }
                    }
                    k2 <- step * vf
                    x.temp <- x.old + 0.5 * k2
                    if (input.status == TRUE) {
                        for (j in 1:n) { vf[j] <- f[[j]](x.temp) + input[i - 1, j] }
                    } else {
                        for (j in 1:n) { vf[j] <- f[[j]](x.temp) }
                    }
                    k3 <- step * vf
                    x.temp <- x.old + k3
                    if (input.status == TRUE) {
                        for (j in 1:n) { vf[j] <- f[[j]](x.temp) + input[i - 1, j] }
                    } else {
                        for (j in 1:n) { vf[j] <- f[[j]](x.temp) }
                    }
                    k4 <- step * vf
                    x.new <- x.old + (1 / 6) * (k1 + 2 * k2 + 2 * k3 + k4)
                    x[i, ] <- x.new
                    x.old <- x.new
            }
        }

    if (n == 1) { x <- as.numeric(x) }

    if (input.status == TRUE) {

            return(list(n = n, time = time, state = x, input = input))
    } else {
            return(list(n = n, time = time, state = x))
    }

} # end of the algorithm

##############
```

套件引用文獻

"base", "stats", "methods", "utils", "graphics", "grDevices", "datasets"

R Development Core Team (2013). R: A language and environment for statistical computing. R Foundation for Statistical Computing, Vienna, Austria. ISBN 3-900051-07-0, URL http://www.R-project.org/.Î

"aplpack"

Peter Wolf and Uni Bielefeld (2013). aplpack: Another Plot PACKage: stem.leaf, bagplot, faces, spin3R, plotsummary, plothulls, and some slider functions. R package version 1.2.9.

http://CRAN.R-project.org/package=aplpack

"complier"

R Core Team (2013). R: A language and environment for statistical computing. R Foundation for Statistical Computing, Vienna, Austria.

URL http://www.R-project.org/.

"DAAG"

John H. Maindonald and W. John Braun (2013). DAAG: Data Analysis And Graphics data and functions. R package version 1.18.

http://CRAN.R-project.org/package=DAAG

"foreign"

R Core Team (2013). foreign: Read Data Stored by Minitab, S, SAS, SPSS, Stata, Systat, Weka, dBase, ... R package version 0.8-57.

http://CRAN.R-project.org/package=foreign

"gamair"

Wood, S.N. (2006) Generalized Additive Models: An Introduction with R Chapman & Hall/CRC, Boca Raton, Florida. ISBN 1-58488-474-6.

"gplots"

Gregory R. Warnes, Ben Bolker, Lodewijk Bonebakker, Robert Gentleman, Wolfgang Huber Andy Liaw, Thomas Lumley, Martin Maechler, Arni Magnusson, Steffen Moeller, Marc Schwartz and Bill Venables (2013). gplots: Various R programming tools for plotting data. R package version 2.12.1.

http://CRAN.R-project.org/package=gplots

"inline"

Oleg Sklyar, Duncan Murdoch, Mike Smith, Dirk Eddelbuettel and Romain Francois (2013). inline: Inline C, C++, Fortran function calls from R. R package version 0.3.13. http://CRAN.R-project.org/package=inline

"KernSmooth"

Matt Wand (2013). KernSmooth: Functions for kernel smoothing for Wand & Jones (1995). R package version 2.23-10.

http://CRAN.R-project.org/package=KernSmooth

"lattice"

Sarkar, Deepayan (2008) Lattice: Multivariate Data Visualization with R. Springer, New York. ISBN 978-0-387-75968-5

"MASS"

Venables, W. N. & Ripley, B. D. (2002) Modern Applied Statistics with S. Fourth Edition. Springer, New York. ISBN 0-387-95457-0

"Matrix"

Douglas Bates and Martin Maechler (2013). Matrix: Sparse and Dense Matrix Classes and Methods. R package version 1.0-14.

http://CRAN.R-project.org/package=Matrix

"mclust"

Chris Fraley, Adrian E. Raftery, T. Brendan Murphy, and Luca Scrucca (2012) mclust Version 4 for R: Normal Mixture Modeling for Model-Based Clustering, Classification, and Density Estimation Technical Report No. 597, Department of Statistics, University of Washington.

"mgcv"

2011 for generalized additive model method; 2004 for strictly additive GCV based model method and basics of gamm; 2006 for overview; 2003 for thin plate regression splines; 2000 is the original method, but no longer the default.

Wood, S.N. (2011) Fast stable restricted maximum likelihood and marginal likelihood estimation of semiparametric generalized linear models. Journal of the Royal Statistical Society (B) 73(1):3-36

Wood, S.N. (2004) Stable and efficient multiple smoothing parameter estimation for generalized additive models. Journal of the American Statistical Association. 99:673-686.

Wood, S.N. (2006) Generalized Additive Models: An Introduction with R. Chapman and Hall/CRC.

Wood, S.N. (2003) Thin-plate regression splines. Journal of the Royal Statistical Society (B) 65(1):95-114.

Wood, S.N. (2000) Modelling and smoothing parameter estimation with multiple quadratic penalties. Journal of the Royal Statistical Society (B) 62(2):413-428.

"nlme"

Jose Pinheiro, Douglas Bates, Saikat DebRoy, Deepayan Sarkar and the R Development Core Team (2013). nlme: Linear and Nonlinear Mixed Effects Models. R package version 3.1-111.

"R.matlab"

Henrik Bengtsson (2013). R.matlab: Read and write of MAT files together with R-to-MATLAB connectivity. R package version 2.1.0.

http://CRAN.R-project.org/package=R.matlab

"rcom"

Thomas Baier (2012). rcom: R COM Client Interface and internal COM Server. R package version 2.2-5. http://CRAN.R-project.org/package=rcom

"Rcpp"

Dirk Eddelbuettel, Romain Francois (2011). Rcpp: Seamless R and C++ Integration. Journal of Statistical Software, 40(8), 1-18.

URL http://www.jstatsoft.org/v40/i08/.

"rgl"

Daniel Adler, Duncan Murdoch and others (2013). rgl: 3D visualization device system (OpenGL). R package version 0.93.991.

http://CRAN.R-project.org/package=rgl

"R.matlab"

Henrik Bengtsson and Jason Riedy (2013). R.matlab: Read and write of MAT files together with R-to-Matlab connectivity. R package version 1.6.3.

http://CRAN.R-project.org/package=R.matlab

"robustbase"

Peter Rousseeuw, Christophe Croux, Valentin Todorov, Andreas Ruckstuhl, Matias Salibian-Barrera, Tobias Verbeke, Manuel Koller, Martin Maechler (2013). robustbase: Basic Robust Statistics. R package version 0.9-10. URL http://CRAN.R-project.org/package=robustbase

"rscproxy"

Thomas Baier (2012). rscproxy: statconn: provides portable C-style interface to R (StatConnector). R package version 2.0-5.

http://CRAN.R-project.org/package=rscproxy

"scatterplot3d"

Ligges, U. and Machler, M. (2003). Scatterplot3d - an R Package for Visualizing Multivariate Data. Journal of Statistical Software 8(11), 1-20.

"SemiPar"

Matt Wand (2013). SemiPar: Semiparametic Regression. R package version 1.0-4. http://CRAN.R-project.org/package=SemiPar

"tcltk"

R Core Team (2013). R: A language and environment for statistical computing. R Foundation for Statistical Computing, Vienna, Austria.

URL http://www.R-project.org/.

"TeachingDemos"

Greg Snow (2013). TeachingDemos: Demonstrations for teaching and learning. R package version 2.9. http://CRAN.R-project.org/package=TeachingDemos

參考文獻

Albert, J. and M. Rizzo (2012). R by Example. Springer, New York.

Baclawski, K. (2008). Introduction to Probability with R. Chapman & Hall/CRC, Boca Raton, Florida.

Banks, J., V. Dragan, and A. Jones (2003). Chaos: A Mathematical Introduction. Cambridge University Press, Cambridge, United Kingdom.

Bertsekas, D.P. (1999). Nonlinear Programming. Second edition. Athena Scientific, Massachusetts.

Bertsekas, D.P. and J.N. Tsitsiklis (2002). Introduction to Probability. Athena Scientific, Massachusetts.

Braun, W.J. and D.J. Murdoch (2007). A First Course in Statistical Programming with R. Cambridge University Press, Cambridge, United Kingdom.

Crawley, M.J. (2005). Statistics: An Introduction using R. Wiley, Chichester, United Kingdom.

Dalgaard, P. (2008). Introductory Statistics with R. Second edition. Springer, New York.

Davies, B. (2004). Exploring Chaos. Westview, Cambridge, Massachusetts.

Davison, A.C. and D.V. Hinkley (1997). Bootstrap Methods and their Application. Cambridge University Press, Cambridge, United Kingdom.

Efron, B. and R. J. Tibshirani (1994). An Introduction to the Bootstrap. Chapman & Hall/CRC, Boca Raton, Florida.

Everitt, B.S. and T. Hothorn (2010). A Handbook of Statistical Analyses using R. Second edition. Chapman & Hall/CRC, Boca Raton, Florida.

Good, P.I. (2006). Resampling Methods: A Practical Guide to Data Analysis. Birkhauser, Boston.

Härdle W., M. Müller, S. Sperlich, and A. Werwatz (2004). Nonparametric and Semiparametric Models. Springer, Berlin, Germany.

Hogg, R.V., J. McKean, and A.T. Craig (2012). Introduction to Mathematical Statistics. Seventh edition. Pearson Prentice Hall, Upper Saddle River, New Jersey.

Maindonald, J. and J. Braun (2010). Data Analysis and Graphics Using R. Third edition. Cambridge University Press, New York.

Montgomery, D. C., E. A. Peck, and G. G. Vining (2006). Introduction to Linear Regression Analysis. Fourth edition. Wiley, Hoboken, New Jersey.

Nocedal, J. and S.J. Wright (1999). Numerical Optimization. Springer, New York.

Rizzo, M.L. (2008). Statistical Computing with R. Chapman & Hall/CRC, Boca Raton, Florida.

Ross, S.M. (2007). Introduction to Probability Models. Elsevier Academic Press, Burlington, Massachusetts.

Sundaram, R.K. (1996). A First Course in Optimization Theory. Cambridge University Press, Cambridge, United Kingdom.

Strogatz, S.H. (1994). Nonlinear Dynamics and Chaos. Westview, Cambridge, Massachusetts.

Tanis, E.A. and R.V. Hogg (2008). A Brief Course in Mathematical Statistics. Pearson Prentice Hall, Upper Saddle River, New Jersey.

Triola, M.F. (2012). Elementary Statistics. Eleventh edition. Addison-Wesley, Boston.

Zuur, A.F., E.N. Ieno, and E.H.W.G. Meesters (2009). A Beginner's Guide to R. Springer, New York.

R 函數及指令章節索引

appendix **D**

appendix
E

中英文專有名詞對照章節索引

transpose matrix 轉置矩陣 (2.4)

truncated cosine function 截尾餘
弦函數截尾餘弦函數 (4.3)

U

unbiased estimator 不偏估計量
(7.4)

underscore 底線 (2.0)

uniform distribution 均勻分佈
(4.5)(7.1)(8.5)

unit matrix 單位矩陣 (2.4)

unit normal distribution 單位常態
分佈 (7.1)

University of Auckland 奧克蘭大
學 (1.1)

V

variance 變異數 (2.2)

vectorization 向量化 (2.2)

W

warning message 警告訊息
(1.3)(8.0)

working directory 工作目錄 (2.8)

workspace 工作區 (1.2)

workspace image 工作區映像 (1.2)

Z

zero matrix 零矩陣 (2.4)

appendix
F

名詞章節索引

實用 R 程式設計-第二版

作　　者：謝哲光 / 郭英勝 / 龔志銘 / 鄭志宏
企劃編輯：江佳慧
文字編輯：王雅雯
設計裝幀：張寶莉
發 行 人：廖文良

發 行 所：碁峰資訊股份有限公司
地　　址：台北市南港區三重路 66 號 7 樓之 6
電　　話：(02)2788-2408
傳　　真：(02)8192-4433
網　　站：www.gotop.com.tw
書　　號：AEM002400
版　　次：2018 年 10 月初版
建議售價：NT$440

國家圖書館出版品預行編目資料

實用 R 程式設計 / 謝哲光, 郭英勝, 龔志銘, 鄭志宏著. -- 初
　版. -- 臺北市：碁峰資訊, 2018.10
　　面 ; 公分
　ISBN 978-986-476-915-5(平裝)
　1.統計套裝軟體　2.統計分析
512.4　　　　　　　　　　　　　　　　107014943

讀者服務

● 感謝您購買碁峰圖書，如果您對本書的內容或表達上有不清楚的地方或其他建議，請至碁峰網站：「聯絡我們」\「圖書問題」留下您所購買之書籍及問題。(請註明購買書籍之書號及書名，以及問題頁數，以便能儘快為您處理)
http://www.gotop.com.tw

● 售後服務僅限書籍本身內容，若是軟、硬體問題，請您直接與軟體廠商聯絡。

● 若於購買書籍後發現有破損、缺頁、裝訂錯誤之問題，請直接將書寄回更換，並註明您的姓名、連絡電話及地址，將有專人與您連絡補寄商品。

● 歡迎至碁峰購物網
http://shopping.gotop.com.tw
選購所需產品。